U0933739

中华人民共和国老年人权益保障法

注释本

法律出版社法规中心　编

·北　京·

图书在版编目(CIP)数据

中华人民共和国老年人权益保障法注释本 / 法律出版社法规中心编. -- 2 版. -- 北京 : 法律出版社, 2021 (2023.12 重印)
(法律单行本注释本系列)
ISBN 978 - 7 - 5197 - 5526 - 3

Ⅰ. ①中… Ⅱ. ①法… Ⅲ. ①老年人权益保障法 - 法律解释 - 中国 Ⅳ. ①D922.75

中国版本图书馆 CIP 数据核字(2021)第 064487 号

中华人民共和国老年人权益保障法注释本
ZHONGHUA RENMIN GONGHEGUO LAONIANREN QUANYI BAOZHANGFA ZHUSHIBEN

法律出版社法规中心 编

责任编辑 冯高琼
装帧设计 李 瞻

出版发行 法律出版社
编辑统筹 法规出版分社
责任校对 王沁陶
责任印制 耿润瑜
经　　销 新华书店

开本 850 毫米 × 1168 毫米 1/32
印张 4.5 **字数** 124 千
版本 2021 年 6 月第 2 版
印次 2023 年 12 月第 2 次印刷
印刷 固安华明印业有限公司

地址:北京市丰台区莲花池西里 7 号(100073)
网址:www.lawpress.com.cn
投稿邮箱:info@lawpress.com.cn
举报盗版邮箱:jbwq@lawpress.com.cn
销售电话:010 - 83938349
客服电话:010 - 83938350
咨询电话:010 - 63939796
版权所有 · 侵权必究

书号:ISBN 978 - 7 - 5197 - 5526 - 3 **定价**:18.00 元
凡购买本社图书,如有印装错误,我社负责退换。电话:010 - 83938349

编辑出版说明

现代社会是法治社会,社会发展离不开法治护航,百姓福祉少不了法律保障。遇到问题依法解决,已经成为人们处理矛盾、解决纠纷的不二之选。然而,面对纷繁复杂的法律问题,如何精准、高效地找到法律依据,如何完整、准确地理解和运用法律,日益成为人们“学法、用法”的关键所在。

为了帮助读者快速准确地掌握“学法、用法”的本领,我社开创性地推出了“法律单行本注释本系列”丛书,至今已十余年。本丛书多次修订完善,现已出版近百个品种,涵盖了社会生活的重要领域,已经成为广大读者学习法律、应用法律之必选图书。

本丛书具有以下特点:

1. 出版机构权威。成立于1954年的法律出版社,是全国首家法律专业出版机构,始终秉承“为人民传播法律”的宗旨,完整记录了中国法治建设发展的全过程,享有“社会科学类全国一级出版社”“全国百佳图书出版单位”等荣誉称号。

2. 编写人员专业。本丛书皆由相关法律领域内的专业人士编写,并引入匿名审稿评估制度,确保图书内容始终紧跟法治进程,反映最新立法动态,体现条文内涵。

3. 法律文本标准。作为专业的法律出版机构,多年来,我社始终使用全国人民代表大会常务委员会公报刊登的法律文本，积淀了丰富的标准法律文本资源，并根据立法进度及时更新相关内容。

4. 条文注解精准。本丛书以立法机关的解读为蓝本，对每个条文提炼出条文主旨，并对重点条文进行注释，使读者能精准掌握立法意图，轻松理解条文内容。

5. 配套附录实用。书末“附录”部分收录的均为重要的相关法律、法规和司法解释，使读者在使用中更为便捷，使全书更为实用。

需要说明的是，本丛书中“适用提要”“条文主旨”“条文注释”等内容皆是编者为方便读者阅读、理解而编写，不同于国家正式通过、颁布的法律文本，不具有法律效力。本丛书不足之处，恳请读者批评指正。

我们用心打磨本丛书，以期待为法律相关专业的学生释法解疑，致力于为每个公民的合法权益撑起法律的保护伞。

法律出版社法规中心

2021 年 5 月

目　　录

附　录

《中华人民共和国老年人权益保障法》适用提要

《中华人民共和国老年人权益保障法》(以下简称《老年人权益保障法》)* 自1996年颁布施行以来,在保障老年人合法权益,促进老龄事业发展,弘扬中华民族敬老、养老、助老美德等方面发挥了重要作用。但随着我国经济社会的发展、人口和家庭结构的变化,老年人权益保障出现了一些新情况、新问题,如人口老龄化快速发展、困难老人数量增多、家庭养老功能明显弱化等,需要在法律制度上进一步完善。

为此,在经过多年立法努力之后,十一届全国人大常委会第三十次会议于2012年12月28日完成对《老年人权益保障法》的修订并公布。修订后的《老年人权益保障法》分总则、家庭赡养与扶养、社会保障、社会服务、社会优待、宜居环境、参与社会发展、法律责任、附则9章85条。之后,又于2015年4月24日、2018年12月29日两次对《老年人权益保障法》作了修正。现将历次修改的主要内容及各章大意介绍如下:

一、关于总则

第一章"总则",2012年修订时主要增加了以下几项内容:一是集中规定了老年人享有的基本权利,主要是从国家和社会获得

---

* 本书中的法律法规名称均使用简称。

物质帮助，享受社会服务和社会优待，参与社会发展和共享发展成果等权利，这些权利大都体现了老年人的特殊要求。二是规定积极应对人口老龄化是国家的一项长期战略任务。这一规定明确了应对人口老龄化的战略定位，对我国在"未富先老"的特殊国情条件下实现经济社会可持续发展具有重要意义。三是从经费保障、规划制定和老龄工作机构职责三个层面进一步明确政府发展老龄事业，做好老年人权益保障工作的职责。四是强化了老龄宣传教育，以进一步增强全社会老龄意识，营造敬老、养老、助老的良好氛围。五是增加了有关老龄科研和老龄调查统计制度的规定。六是增加了对参与社会发展做出突出贡献的老年人给予表彰奖励的规定，以鼓励老年人继续为国家建设做贡献。七是规定每年农历九月初九（重阳节）为老年节。

值得一提的是，本法第 5 条第 2 款确立了我国社会养老服务体系的框架，即"以居家为基础、社区为依托、机构为支撑"。

二、关于家庭赡养与扶养

第二章"家庭赡养与扶养"，2012 年修订时主要修改的内容：一是对家庭养老作了重新定位。将"老年人养老主要依靠家庭"修改为"老年人养老以居家为基础"。二是进一步明确了赡养人对患病和失能老年人给予医疗和照料的义务。三是针对现实中老年人住房等财产权益易受侵害以及老年人再婚配偶法定继承权难以保障等问题，进一步加强了对老年人财产权益的保护。四是针对老年人精神赡养需求增多的实际，充实了精神慰藉的规定。五是为保障失能失智老年人的人身财产权益，在深入研究我国民法中有关监护的规定，并借鉴国外经验的基础上，创设了老年人监护制度。六是增加了有关组织应当对不履行义务的赡养人和扶养人予以督促的规定。七是原则规定了国家建立健全家庭养老支持政策，以在新形势下巩固家庭养老的基础性地位。此外，2012 年修订还完善了赡养协议的相关规定，增加了禁止对老年人实施家庭暴力的内容。

三、关于社会保障

第三章“社会保障”，2012 年修订在《社会保险法》关于基本养老保险和基本医疗保险规定的基础上，进一步规定要建立多层次的养老和医疗保险体系，逐步提高保障水平。在护理保障方面，为解决失能老年人长期护理的经费问题，规定国家逐步建立长期护理保障制度，鼓励、引导商业保险公司开展长期护理保险业务，对生活长期不能自理、经济困难的老年人，地方政府应视情况给予护理补贴。在社会救助方面，规定对经济困难的老年人，应当给予生活、医疗、居住等多方面的救助和照顾，还对流浪乞讨、遭受遗弃等生活无着的老年人的救助作了专门规定。在社会福利方面，规定国家建立和完善老年人福利制度，并吸收地方的实际做法，规定了高龄津贴制度。此外，2012 年修订还补充了养老待遇保障的内容，增加了发展老龄慈善事业以及遗赠扶养协议的规定。

四、关于社会服务

第四章“社会服务”，多数是 2012 年修订时新增的条文，保留下来的条文也作了较大改动，具体如下：一是总结实践经验，对居家养老服务、社区养老服务作了原则性规定。二是明确了政府支持养老服务事业发展的责任，即规定各级政府应当逐步增加对养老服务的投入，并在财政、税费、土地、融资等方面采取措施，鼓励、扶持社会力量兴办养老服务设施；针对养老服务设施建设“用地难”的突出问题，本章从城乡规划预留用地、土地取得方式及用途管制三个层次对养老服务设施用地作了特别规定；强调政府兴办的养老机构应当优先保障经济困难的孤寡、失能、高龄等老年人的服务需求；要求国务院有关部门制定相关标准，建立健全养老机构分类管理和养老服务评估制度。三是加强对养老机构的管理，规定了养老机构设立条件、准入许可和变更、终止等制度，明确了相关部门对养老机构的管理职责。2018 年修正时取消了养老机构的行政许可制度，改为依法办理相应的登记，并规定地方各级人民政府建立养老机构综合监管制度及监督检查措施等。四是加强养老服务队伍建设，主要规定了养老服务人才培养、使用、评价和激励制度。五是加强养老机构运营中的纠纷处理和风险防范，规定了签订养老服务协议和支持养老机构投保意外责任保险等内容。六是完善医疗卫生服务，规定各级政府和有关部门应当把老年人医疗卫生服务纳入城乡医疗卫生服务规划，鼓励支持医疗机构开设老年病专科或门诊，保障老年人享受基本公共卫生服务，并规定加强老年医学研究和健康教育。

五、关于社会优待

第五章“社会优待”，明确了有关老年人优待的内容：一是规定县级以上政府及其有关部门应当根据情况制定优待老年人的办法，逐步提高优待水平；确立了对常住在本行政区域内的外埠老年人实行同等优待的原则，倡导全社会优待老年人。二是丰富了有关司法救助、法律援助、医疗服务、参观游览、乘坐公共交通工具等方面对老年人给予优待和照顾的内容。三是规定各级人民政府和有关部门为老年人及时、便利地领取养老金，结算医疗费等方面提供优待，在办理涉及老年人重大人身财产权益事项时提供优待等。

六、关于宜居环境

第六章“宜居环境”，主要对国家推进老年宜居环境建设作了原则性规定，以便为制定相关配套法律法规和政策提供依据。一是明确国家责任，概括规定了老年宜居环境建设的总体要求，即为老年人日常生活和参与社会活动提供安全、便利、舒适的环境。二是规定了政府加强老年宜居环境建设的主要任务：在制定城乡规划时，要适应老龄化发展需要，统筹考虑适宜老年人生活的各类设施建设；建立和完善有关涉老工程建设标准体系，在规划、设计、施工、监理、验收、运行、维护、管理等环节加强相关标准的实施与监督；加强老年宜居环境建设的宣传教育、科学研究和人才培养。三是在具体环境建设上，重点规定了无障碍环境建设，这主要是考虑到残疾人中有相当一部分是老年人，老年人随着年龄增长所面临的失能或者残疾的风险会逐步升高，无障碍是老年宜居环境的一项基本要求。

七、关于参与社会发展

第七章“参与社会发展”，2012 年修订主要增加了老年人可以依法设立自己的组织并开展活动的内容，并规定在制定涉及老年人权益的法律法规和政策时，应当听取老年人及老年人组织的意见。本章还对老年人劳动保护以及发展老年教育作了进一步规定。

八、关于法律责任

第八章“法律责任”，根据上述各章的内容，进一步充实和完善了有关法律责任的规定。2012 年修订增加了以下内容：一是养老机构及其工作人员侵害老年人权益以及政府行政管理部门失职渎职的法律责任；二是违反优待义务的法律责任；三是违反涉老工程建设标准和不履行无障碍设施维护管理职责的法律责任。此外，本章根据《人民调解法》《行政处罚法》《治安管理处罚法》《刑法》等有关法律的规定，对家庭成员纠纷处理，干涉老年人婚姻自由，侮辱、诽谤、虐待、遗弃老年人的法律责任作了进一步规定。

中华人民共和国老年人权益保障法

（1996年8月29日第八届全国人民代表大会常务委员会第二十一次会议通过　根据2009年8月27日第十一届全国人民代表大会常务委员会第十次会议《关于修改部分法律的决定》第一次修正　2012年12月28日第十一届全国人民代表大会常务委员会第三十次会议修订　根据2015年4月24日第十二届全国人民代表大会常务委员会第十四次会议《关于修改〈中华人民共和国电力法〉等六部法律的决定》第二次修正　根据2018年12月29日第十三届全国人民代表大会常务委员会第七次会议《关于修改〈中华人民共和国劳动法〉等七部法律的决定》第三次修正）

第一章　总　　则

第一条　【立法目的与依据】[①]为了保障老年人合法权益，发展老龄事业，弘扬中华民族敬老、养老、助老的美德，根据宪法，制定本法。

---

① 条文主旨为编者所加，下同。

条文注释

本条是关于立法目的的规定,并指明了本法的立法依据。

《老年人权益保障法》的立法目的:(1)保障老年人合法权益。保障老年人的合法权益是制定本法的首要目的。老年人是社会生活中的一个特殊群体,基于其生理和心理上的特殊性,需要国家和社会予以特别的关爱和保护。(2)发展老龄事业。新中国成立以来,我国颁布并实施了一系列维护老年人合法权益的法律和政策,初步建立起养老、医疗、社会救助等社会保障制度。但从当前实际情况看,人口老龄化仍是国家面临的严峻社会形势,国家急需发展老龄事业以维护并保障老年人的合法权益。(3)弘扬中华民族敬老、养老、助老的美德。法律与道德相辅相成,道德是法律的重要基础,法律则是道德的重要保证。将敬老、养老、助老等传统美德写入本法,对弘扬中华民族传统文化,保障老年人合法权益具有积极意义。事实上,"助老"是2012年修订时的新增内容,拓宽了"敬老、养老、助老"的范畴,丰富了传统美德的内涵和外延。

立法依据方面,《宪法》是国家的根本法,它与《老年人权益保障法》之间是母法和子法的关系。《老年人权益保障法》的制定及实施,必须充分体现《宪法》的基本精神,不得背离《宪法》的原则。因此,如条文所示,本法根据《宪法》制定。

关联法规

《宪法》第45条第1款

第二条 【适用范围】本法所称老年人是指六十周岁以上的公民。

条文注释

本条是关于本法适用范围的规定,即老年人的界定的规定,本法以生理年龄作为界定老年人的标准。

2012年修订后的《老年人权益保障法》延续了之前的规定,凡是60周岁以上的中国公民即为本法所指称的老年人。根据《宪法》的规定，只有具有中华人民共和国国籍的人才是我国公民，因此本法所保障的老年人不包括60周岁以上的在中国领域的外国人、无国籍人。

应当说明的是，随着社会的变化发展，对老年人的界定标准将来可能会有所调整。比如，随着人均寿命的提高、老年人体质的改善、退休年龄的延长等，未来可能将老年人的年龄标准提高。

关联法规

《宪法》第33条

第三条　【基本原则】国家保障老年人依法享有的权益。

老年人有从国家和社会获得物质帮助的权利，有享受社会服务和社会优待的权利，有参与社会发展和共享发展成果的权利。

禁止歧视、侮辱、虐待或者遗弃老年人。

条文注释

本条是关于国家保障老年人合法权益的基本原则的规定。

老年人作为一个特殊群体，由于其生理和心理的特点，在现实生活中其合法权益容易受到不法侵害，应给予特殊保护。依照本条第1款的规定，保障老年人依法享有的权益是国家的法定义务和责任。本法并未明确区分权利和权益，但需明确的是老年人依法享有的权益既包括由法律明文规定的权利，也包括各种依法应受保护的利益。

第2款根据老年人的特殊需求和特殊情况，集中规定了四项老年人依法享有的，国家有义务保障的基本权利：(1)获得物质帮助的权利。《宪法》第45条第1款规定，中华人民共和国公民在年老、疾病或者丧失劳动能力的情况下，有从国家和社会获得物质帮助的权利。国家发展为公民享受这些权利所需要的社会保险、社会救济和医疗卫生事业。物质帮助权是公民在年老、疾病或者丧失劳动能力的情况下，向国家和社会要求给予物质性帮助的权利，是基于生存权而享有的一项权利。老年人因年老或者失能当然享有该项权利，以维持并保障其基本的生活需要。(2)享受社会服务的权利。所谓享受社会服务的权利，是指老年人为满足基本生活、日常照顾服务、医疗保健等方面的基本需要而享有的从国家或者社会组织获得各种相关服务的权利，如养老机构提供的养老服务。(3)享受社会优待的权利。尊老敬老是中华民族的传统美德，国家和社会不仅要尊重老年人，还应该在社会生活中给予老年人各方面的优待。(4)参与社会发展和共享发展成果的权利。赋予全体人民参与社会发展和共享发展成果的权利是科学发展观的基本要求，也是国家社会管理的基本理念。让老年人参与社会发展有助于发挥老年人的才智、特长和余热，使其力所能及地为社会进步多做贡献。

第3款明文规定，禁止歧视、侮辱、虐待或者遗弃老年人。其中，虐待老年人是指用打骂、冻饿、有病不给治疗等方法摧残、折磨老年人，使其在肉体上、精神上遭受痛苦的行为。遗弃老年人则是指对年老、患病或者没有独立生活能力的老年人，负有赡养、扶养义务而拒绝赡养、扶养，情节恶劣的行为。歧视、侮辱、虐待或者遗弃老年人均有悖我国尊老敬老的传统美德，侵害了老年人的合法权益。

关联法规

《宪法》第45条第1款

《民法典》第1042条第3款

第四条　【总体目标】积极应对人口老龄化是国家的一项长期战略任务。

国家和社会应当采取措施，健全保障老年人权益的各项制度，逐步改善保障老年人生活、健康、安全以及参与社会发展的条件，实现老有所养、老有所医、老有所为、老有所学、老有所乐。

条文注释

本条是关于积极应对人口老龄化的总体目标的规定。

积极应对人口老龄化作为我国的一项长期战略任务，通过本法上升为国家意志。人口老龄化是指老年人在总人口中所占比例不断提高，而少儿和青年所占比例相对减少的动态过程。按照国际通行标准，一个国家或地区中，65 岁以上人口比例超过 7%，或者 60 岁以上人口比例超过 10%，即成为老年型国家或者老龄化社会。

2021 年 5 月公布的第七次全国人口普查主要数据显示：截至 2020 年 11 月 1 日零时，全国共 141178 万人，60 岁及以上人口为 26402 万人，占全国总人口的 18.7%。与 2010 年相比，60 岁及以上的人口比重上升 5.44 个百分点。

如果按照国际标准，我国早已成为老年型国家。与其他国家相比，我国人口老龄化还具有以下六个主要特征：一是老年人口规模大；二是老龄化势头猛；三是发展不平衡；四是困难老人多；五是老龄化与少子化和家庭小型化相伴随；六是未富先老。

针对我国的老龄化国情，本条第 1 款规定了积极应对人口老龄化是国家的一项长期战略任务。即从法律上明确了应对人口老龄化的战略定位，对于国家从战略层面谋划和推进老龄工作具有重要意义。

“老有所养、老有所医、老有所为、老有所学、老有所乐”是我国老龄事业发展的总体目标，为在老龄化社会的背景下实现这一目标，本条第 2 款原则上规定国家和社会应当采取措施，健全保障老年人权益的各项制度，逐步改善保障老年人生活、健康、安全以及参与社会发展的条件。

第五条 【社会保障】国家建立多层次的社会保障体系，逐步提高对老年人的保障水平。

国家建立和完善以居家为基础、社区为依托、机构为支撑的社会养老服务体系。

倡导全社会优待老年人。

条文注释

本条是关于老年人社会保障及社会服务体系的规定。

第1款规定了国家对老年人的社会保障。社会保障是保障人民生活,调节社会分配的一项重要制度。国家有义务通过社会保障制度建设,为社会成员提供一系列基本生活保障,以免除年老、疾病、失业及丧失劳动力所带来的生活困扰。截至目前,我国就有关老年人的社会保障主要包括以下三个方面:(1)社会保险。社会保险的主要项目有养老保险、医疗保险、失业保险、工伤保险、生育保险等,其中与老年人关系最密切的是养老保险和医疗保险。(2)社会救助。社会救助制度是指国家和其他社会主体为遭受灾害、失去劳动能力或者其他低收入的公民给予物质帮助,以维持其基本生活需要的社会制度。目前我国建立的社会救助制度主要有城乡最低生活保障、城市"三无"人员和农村五保供养制度、流浪乞讨人员救助制度等。(3)社会福利。社会福利是一种服务政策和服务措施,其目的在于提高社会成员的物质和精神生活水平,使之得到更多的生活享受。同时社会福利也是一种职责,是在社会保障制度的基础上,进一步提高社会成员生活水平的制度。

第2款是关于我国社会养老服务体系的规定,即以居家为基础、社区为依托、机构为支撑。强调社会养老服务体系以居家为基础,是指大多数老年人不离开家庭享受赡养照料等养老服务。社区养老服务则是居家养老服务的重要支撑,具有社区日间照料和居家养老支持两类功能,主要为日间暂时无人照顾的社区老年人提供服务。"机构为支撑"的机构主要指的是养老服务机构,包括老年养护机构和其他类型的养老机构。

第3款规定,倡导全社会优待老年人。此规定为老年人合法权益保障工作奠定了坚实的群众基础。

第六条 【老龄事业发展规划】各级人民政府应当将老龄事业纳入国民经济和社会发展规划，将老龄事业经费列入财政预算，建立稳定的经费保障机制，并鼓励社会各方面投入，使老龄事业与经济、社会协调发展。

国务院制定国家老龄事业发展规划。县级以上地方人民政府根据国家老龄事业发展规划，制定本行政区域的老龄事业发展规划和年度计划。

县级以上人民政府负责老龄工作的机构，负责组织、协调、指导、督促有关部门做好老年人权益保障工作。

条文注释

本条是关于老龄事业发展规划的规定。

制定老龄事业发展规划并纳入国民经济和社会发展规划，是国务院和地方各级人民政府的一项法定义务。老龄事业发展规划是老龄事业发展的总体纲要，是对老龄事业发展具有战略意义的指导性文件。所谓国民经济和社会发展规划则是指全国或者某一地区经济、社会发展的总体纲要，是具有战略意义的指导性文件。

在我国，制定老龄事业发展规划在法律上是直接以《老年人权益保障法》的规定作为依据的。通过行政规划促进老龄事业的发展，保障老年人权益，改善老年人生活以及提高老年人在社会中的地位是我国政府的重要责任和义务。国务院作为最高国家行政机关，制定国家老龄事业发展规划，是职责所在，而将老龄事业发展规划纳入年度国民经济和社会发展规划体现了我国对保障老年人权益的重视，也进一步为老龄事业发展提供更为具体的规划指导。至于县级以上地方人民政府，其有义务根据国务院制定的国家老龄事业发展规划，制订本行政区域的老龄事业发展规划和年度计划。

另外，为保障老龄事业发展及规划实施，《老年人权益保障法》还明确要求各地方人民政府将老龄事业经费列入财政预算，建立稳定的经费保障机制，并鼓励社会各方面投入，使老龄事业与经济、社会协调发展。

关联法规

《国务院关于印发“十三五”国家老龄事业发展和养老体系建设规划的通知》

第七条　【社会责任】保障老年人合法权益是全社会的共同责任。

国家机关、社会团体、企业事业单位和其他组织应当按照各自职责，做好老年人权益保障工作。

基层群众性自治组织和依法设立的老年人组织应当反映老年人的要求，维护老年人合法权益，为老年人服务。

提倡、鼓励义务为老年人服务。

条文注释

本条是关于保障老年人合法权益是全社会共同责任的规定。

我国老龄人口规模大，按国际标准已经进入老龄化社会。除此之外，我国的人口老龄化还呈现出老龄化势头猛、发展不平衡、困难老人多、老龄化与少子化和家庭小型化相伴随、未富先老等特点。因此，我国保障老年人合法权益工作难度大，情况复杂，是一项非常艰巨的系统工程，需要全社会共同承担、共同参与。老年人问题已经不仅仅是子女、家庭的问题，还是全社会的共同问题。

随着国家人口结构变化、老龄化进程加快，老年人权益保障问题已经成为全社会共同关注的问题。只有全社会共同积极行动起来，老年人的合法权益保障工作才能真正推动起来。为此，国家机关、社会团体、企业事业单位和其他组织应当按照各自职责，做好老年人权益保障工作。基层群众性自治组织和依法设立的老年人组织应当反映老年人的要求，维护老年人合法权益，为老年人服务。

为维护老年人合法权益，改善老年人生活，本条第 4 款明文规定，提倡、鼓励义务为老年人服务。所谓“义务为老年人服务”，是指开展针对老年人的志愿服务。志愿服务是指个人贡献自己的时间和精力,不计报酬,为社会提供服务。针对老年人的志愿服务,既是尊老敬老助老的具体体现,也弘扬了“奉献、友爱、互助、进步”的志愿服务精神。

第八条 【老龄化国情教育】国家进行人口老龄化国情教育,增强全社会积极应对人口老龄化意识。

全社会应当广泛开展敬老、养老、助老宣传教育活动,树立尊重、关心、帮助老年人的社会风尚。

青少年组织、学校和幼儿园应当对青少年和儿童进行敬老、养老、助老的道德教育和维护老年人合法权益的法制教育。

广播、电影、电视、报刊、网络等应当反映老年人的生活,开展维护老年人合法权益的宣传,为老年人服务。

条文注释

本条是关于人口老龄化国情教育的规定。

人口老龄化已经是我国的基本国情,国家进行人口老龄化国情教育,有助于增强全社会积极应对人口老龄化的意识,增强应对老龄化和老龄社会挑战的紧迫性和自觉性。当前开展老龄化国情教育有两个重点:一是充分认识人口老龄化的紧迫性,从而动员全社会共同应对;二是充分认识到人口老龄化不仅是挑战,也是机遇,应有积极应对老龄化的观念。

根据本条规定,做好老龄化国情教育应把握好以下三方面:(1)在全社会范围内广泛开展敬老、养老、助老宣传教育活动,树立尊重、关心、帮助老年人的社会风尚。(2)青少年和儿童是敬老、养老、助老宣传教育的重点对象,青少年组织、学校和幼儿园应当对青少年和儿童做好敬老、养老、助老的道德教育和维护老年人合法权益的法制教育。(3)广播、电影、电视、报刊、网络等是老龄化宣传教育的主要渠道和重要媒介。这些宣传媒介应当开展维护老年人合法权益的宣传,为老年人服务。

第九条　【社会研究】国家支持老龄科学研究，建立老年人状况统计调查和发布制度。

第十条　【奖励】各级人民政府和有关部门对维护老年人合法权益和敬老、养老、助老成绩显著的组织、家庭或者个人，对参与社会发展做出突出贡献的老年人，按照国家有关规定给予表彰或者奖励。

条文注释

本条是关于奖励的规定。

各级人民政府和有关部门对在保障老年人合法权益工作中做出突出贡献的组织和个人给予奖励是本法确立的一项重要制度。

奖励，一般是指各级人民政府和有关部门为了表彰先进、激励后进、充分调动人们的积极性和创造性，依照法定条件和程序，对为国家和社会做出突出贡献或模范地遵纪守法的组织、个人给予物质或精神奖励的一种具体行政行为。奖励的形式多种多样，但主要有以下三种形式：(1)赋予精神方面的权益，即给予受奖人某种荣誉，如授予称号，通报表扬，通令嘉奖，记功，发给奖状、荣誉证书、奖章等。(2)赋予物质方面的权益，即发给奖金或各种奖品。(3)赋予职权方面的权益，即对受奖人予以晋级或晋职。表彰主要是精神鼓励。奖励既可以是精神奖励，也可以是物质奖励；以精神奖励为主，以物质奖励为辅。

值得一提的是，为鼓励老年人参与社会发展，发挥余热，本法2012年修订后新增了各级人民政府和有关部门对参与社会发展做出突出贡献的老年人，应按照有关规定给予表彰或者奖励的规定。

第十一条　【老年人的义务】老年人应当遵纪守法，履行法律规定的义务。

第十二条　【法定节日】每年农历九月初九为老年节。

条文注释

本条是关于老年节的规定。

每年农历九月初九是我国的传统节日——重阳节。“九”在古数中既为“阳数”,又为“极数”,指天之高为“九重”,指地之极为“九泉”。九月初九,日月皆逢九,故曰“重九”,两个阳数合在一起,故称“重阳”。九九重阳,因“九九”与“久久”同音,也有长久、长寿之意。因此,自古以来,中国人对重阳节怀有特殊的感情。2012 年修订后的《老年人权益保障法》将重阳节法定为老年节,符合我国的传统,具有深厚的文化和民意基础。

第二章　家庭赡养与扶养

第十三条　【养老基础】老年人养老以居家为基础,家庭成员应当尊重、关心和照料老年人。

条文注释

本条是关于居家养老的一般规定。

居家养老,又称居家养老服务,是指以家庭为核心、以社区为依托、以专业化服务为依靠,为居住在家的老年人提供以解决日常生活困难为主要内容的社会化服务。因此,本法所指称的居家养老不同于传统的家庭养老。传统的家庭养老,是以子女赡养为主,即子女在老年人生活中担负主要责任。居家养老也不同于社会养老。社会养老又称机构养老,即老年人集中在专门的养老机构的养老模式。

居家养老作为一种新的养老模式,吸收了传统家庭养老和社会养老的优势,在立足家庭的基础上也强调社会服务进家庭。居家养老有助于为老年人提供情感交流、精神慰藉和照料服务,符合绝大多数老年人的意愿,也是世界各国通行的主要养老方式。基于此,本条规定了老年人养老以居家为基础,并强调了家庭成员应当尊重、关心和照料老年人。

第十四条　【赡养人义务】赡养人应当履行对老年人经济上供养、生活上照料和精神上慰藉的义务,照顾老年人的特殊需要。

赡养人是指老年人的子女以及其他依法负有赡养义务的人。

赡养人的配偶应当协助赡养人履行赡养义务。

条文注释

本条是关于赡养人义务的一般规定。

赡养人是指老年人的子女以及其他依法负有赡养义务的人。根据《民法典》的规定,成年子女对父母负有赡养、扶助和保护的义务。赡养、扶助和保护是指子女在物质上为父母提供必要的生活条件,生活上予以关心、照料,保护父母的人身、财产权益不受侵害;一切有经济能力的子女,对丧失劳动能力、无法维持生活的父母,都应予以赡养。并且,这里负有赡养义务的子女不仅包括婚生子女,还包括非婚生子女、养子女和受继父母抚养教育的继子女。

至于其他依法负有赡养义务的赡养人则主要指的是孙子女和外孙子女。但需注意的是,孙子女、外孙子女只有在特定条件下才负有赡养老年人的义务。这些特定条件主要有:(1)赡养人的子女死亡或无赡养能力;(2)赡养人确实有困难需要赡养;(3)承担赡养义务的人有一定赡养能力,即孙子女、外孙子女只有在自身具备负担赡养的能力时才承担赡养义务。

根据本条规定,赡养人对老年人的赡养不但包括经济上供养、生活上照料的义务,还包括精神上慰藉、照顾老年人的特殊需要等义务。

此外,本条第3款规定赡养人的配偶有义务协助赡养人履行赡养义务。合法婚姻中的男女双方互为配偶。赡养人要履行好对老年父母经济上供养、生活上照料、精神上慰藉的义务，往往需要配偶的同意、支持和协助。

关联法规

《民法典》第26条第2款、第1067条第2款、第1074条第2款

《最高人民法院关于适用〈中华人民共和国民法典〉继承编的解释（一）》第19条

第十五条　【对患病、经济困难、生活不能自理的老年人的赡养】赡养人应当使患病的老年人及时得到治疗和护理；对经济困难的老年人，应当提供医疗费用。

对生活不能自理的老年人，赡养人应当承担照料责任；不能亲自照料的，可以按照老年人的意愿委托他人或者养老机构等照料。

条文注释

本条是关于老年人医疗护理和照料的规定。

老年人因年老引发的生理、心理上的弱化，身体状况一般难以和青中年时期相比，容易罹患各种疾病。故赡养人在赡养时应注意老年人的身体健康情况，如有不适，应及时就医，积极给予治疗。在老年人治疗过程中，无论是住院治疗还是居家治疗，赡养人都应当为老年人提供护理。如果老年人经济困难，无力负担医疗费用，赡养人应当提供医疗费用。

至于生活不能自理的老年人，本法规定了赡养人的两种照料方式：一种是赡养人亲自照料，即赡养人基于赡养义务，应承担老年人的长期照料和护理工作。另一种是委托他人照料，即赡养人因各种原因不能亲自照料生活不能自理的老年人，本法允许赡养人委托他人或养老机构等代为照料老年人。需注意的是，委托他人或者养老机构照料必须尊重老年人的意愿。此外，赡养人对老年人经济供养、生活照料和精神慰藉等义务不因为他人照料而免除。赡养人仍应当经常看望、问候老年人。

第十六条 【老年人的住房保障】赡养人应当妥善安排老年人的住房，不得强迫老年人居住或者迁居条件低劣的房屋。

老年人自有的或者承租的住房，子女或者其他亲属不得侵占，不得擅自改变产权关系或者租赁关系。

老年人自有的住房，赡养人有维修的义务。

条文注释

本条是关于老年人住房的规定。

住房是老年人安度晚年的最基本需求之一，也是老年人重要的合法财产权益之一。本条第1款规定，赡养人应当妥善安排老年人的住房，不得强迫老年人居住或者迁居条件低劣的房屋。

第2款是关于不得侵占老年人住房的规定。老年人对自己所有的住房享有所有权，可依法占有、使用、收益、处分，包括子女或其他亲属在内的他人均不得侵犯。老年人对以自己名义承租的住房，享有租赁权。子女或者其他亲属未经老年人同意不得擅自变更租赁或退租，也不得强行侵占。

第3款规定赡养人对老年人自有的住房有维修义务。在住房急需维修和改建时，赡养人有义务筹集资金、组织力量为老年人自有住房提供维修和养护，以保障老年人的居住安全。

第十七条 【老年人承包的田地及其林木、牲畜的收益】赡养人有义务耕种或者委托他人耕种老年人承包的田地，照管或者委托他人照管老年人的林木和牲畜等，收益归老年人所有。

条文注释

本条是关于老年人承包的田地及其林木、牲畜的收益的规定。

农村老年人口占全国老年人口的大多数，是中国老年人的主体。考虑到农村养老面临的城市化、家庭结构小型化、人口价值观念变化等挑战，以及这些社会变化引发的农村劳动力外出打工，农村“空巢”化现象，《老年人权益保障法》对农村养老涉及的田地耕种，林木、牲畜照料作出了特别规定。

在我国，当前农村施行土地承包责任制，农村老年人一般有自己承包的田地、林地以及相应的牲畜、农具等生产、生活资料。这些生产、生活资料为老年人的生活与养老提供了必要的物质保障。但农村老年人因年老体弱，多数无力自行照料田产、林地，以至于生活难以自行保障。针对这一现实情况，本条特别规定赡养人有义务耕种或者委托他人耕种老年人承包的田地，照管或者委托他人照管老年人的林木和牲畜等，且收益均归老年人所有。

第十八条　【关怀老年人的精神需求】家庭成员应当关心老年人的精神需求，不得忽视、冷落老年人。

与老年人分开居住的家庭成员，应当经常看望或者问候老年人。

用人单位应当按照国家有关规定保障赡养人探亲休假的权利。

条文注释

本条是关于关怀老年人精神需求的规定。

物质需求的满足代替不了精神的充实和愉悦。老年人从子女那里最想得到的往往不是金钱、物质，而是亲情。家庭的温暖和精神的慰藉是老年人强烈的期盼和重要的精神支柱。在满足老年人精神需求方面，家庭成员的抚慰最为有效，也是老年人最渴求的。因此，本条第 1 款明确要求家庭成员有义务关心老年人的精神需求，不得忽视、冷落老年人。

本条第 2 款是关于“常回家看看”的条款，即明确规定与老年人分开居住的家庭成员应经常看望或问候老年人。

为了支持家庭成员履行好对老年人的精神慰藉义务，第 3 款要求用人单位应按照国家有关规定保障赡养人探亲休假的权利。目前我国关于探亲休假的规定主要有《国务院关于职工探亲待遇的规定》《职工带薪年休假条例》等。

关联法规

《国务院关于职工探亲待遇的规定》

《职工带薪年休假条例》第2条、第3条

第十九条　【赡养义务的强制性】赡养人不得以放弃继承权或者其他理由，拒绝履行赡养义务。

赡养人不履行赡养义务，老年人有要求赡养人付给赡养费等权利。

赡养人不得要求老年人承担力不能及的劳动。

条文注释

本条是关于赡养人的赡养义务不得放弃的规定。

赡养义务是赡养人应当履行的一项法定义务。我国《民法典》规定，成年子女对父母负有赡养、扶助和保护的义务。成年子女对父母的赡养义务，不因父母的婚姻关系变化而终止。赡养人也不得以放弃继承权或者其他理由，拒绝履行赡养义务。

在赡养人不履行赡养义务时，无劳动能力或生活困难的老年人，有要求赡养人付给赡养费的权利。赡养费一般是指子女在经济上为父母提供必需的生活费用，即子女承担一定的经济责任，为父母提供必要的经济帮助，给予物质上的帮助。赡养人不履行给付赡养费义务的，老年人可以要求有关主管部门处理，也可以依法申请调解或向人民法院起诉。人民法院在处理赡养纠纷时，应当坚持维护老年人合法权益的原则，对有赡养义务而拒绝赡养，也不给付赡养费，情节恶劣构成遗弃罪的赡养人，应当判处其承担刑事责任。

本条第3款是关于不得要求老年人承担力不能及的劳动的规定。这一规定是根据老年人身心特点作出的一项有利于老年人劳动保护的规定，即老年人不承担劳动强度过大的劳动，尤其是体力劳动。

关联法规

《民法典》第1067条第2款

《最高人民法院关于适用〈中华人民共和国民法典〉继承编的解释（一）》第32条

第二十条　【赡养协议】经老年人同意，赡养人之间可以就履行赡养义务签订协议。赡养协议的内容不得违反法律的规定和老年人的意愿。

基层群众性自治组织、老年人组织或者赡养人所在单位监督协议的履行。

条文注释

本条是关于赡养人之间签订赡养协议的规定。

根据本条第1款的规定，当老年人有多个赡养人时，法律允许赡养人之间就赡养义务签订协议。所谓赡养协议，是指赡养人之间在平等协商、自愿合法的基础上，就赡养义务的履行签订的民事协议，其内容一般包括赡养义务的具体内容、赡养义务的履行方式、监督机制及纠纷解决方式。根据本法规定，赡养人间的赡养协议必须符合以下法定条件：(1)必须征得被赡养的老年人的同意，不得违背其意愿。经老年人同意是签订赡养协议的必经程序，未经老年人同意的赡养协议不具有法律效力。(2)赡养协议的内容不得违反法律的规定。签订赡养协议要经老年人同意，赡养协议的内容不得违反老年人的意愿。除此之外，赡养协议的内容也不得违反法律的规定。

本条第2款规定了基层群众性自治组织、老年人组织或者赡养人所在单位有权对赡养协议的履行进行监督。其中，基层群众性自治组织一般是指居民委员会和村民委员会。

关联法规

《最高人民法院关于适用〈中华人民共和国民法典〉继承编的解释（一）》第3条、第40条

第二十一条　【老年人的婚姻自由】老年人的婚姻自由受法律保护。子女或者其他亲属不得干涉老年人离婚、再婚及婚

后的生活。

赡养人的赡养义务不因老年人的婚姻关系变化而消除。

条文注释

本条是关于老年人婚姻自由的规定。

婚姻自由，是指男女双方有权按照法律的规定，基于本人的意志，自主自愿地决定自己的婚姻问题，无论结婚、离婚都不受他人的干涉和强制。我国法律明确反对包办、买卖婚姻以及暴力干涉他人婚姻自由的行为。

婚姻自由，作为我国婚姻制度中的重要内容，当然也包括老年人的婚姻自由，特别是再婚自由。考虑到现实中，老年人再婚往往受到子女、社会的多重阻碍。因此，《民法典》明确规定，子女应当尊重父母的婚姻权利，不得干涉父母离婚、再婚以及婚后的生活。子女对父母的赡养义务，不因父母的婚姻关系变化而终止。子女应当尊重父母的婚姻权利，包括离婚和再婚的自主权利。暴力干涉老年人婚姻和拒绝赡养老人，情节严重的，需要承担刑事责任。

关联法规

《民法典》第1042条第1款、第1046条、第1069条

《刑法》第257条

第二十二条　【老年人的财产权益】老年人对个人的财产，依法享有占有、使用、收益和处分的权利，子女或者其他亲属不得干涉，不得以窃取、骗取、强行索取等方式侵犯老年人的财产权益。

老年人有依法继承父母、配偶、子女或者其他亲属遗产的权利，有接受赠与的权利。子女或者其他亲属不得侵占、抢夺、转移、隐匿或者损毁应当由老年人继承或者接受赠与的财产。

老年人以遗嘱处分财产，应当依法为老年配偶保留必要的份额。

条文注释

本条是关于老年人财产权益保护的规定。

老年人对其个人财产当然享有所有权。根据《民法典》的相关规定，所有权是指所有权人对自己的不动产或者动产，依法享有占有、使用、收益和处分的权利。老年人对其个人财产享有所有权，任何人都无权干涉、无权侵犯。本条第1款亦明确规定子女或者其他亲属不得干涉老年人对其个人财产行使权利，也不得以窃取、骗取、强行索取等方式侵犯老年人的财产权益。

本条第2款是关于老年人继承权的规定。根据《民法典》的相关规定，夫妻有相互继承遗产的权利。父母和子女有相互继承遗产的权利。配偶、子女、父母同属第一顺序继承人，即配偶、子女、父母的继承权是平等的。

老年人继承配偶的遗产是基于夫妻相互之间的继承权，而该继承权的产生是基于合法的婚姻关系。因此，只有具备合法婚姻关系的夫妻双方，才能以配偶身份继承对方的遗产。接受继承一方有权处分所继承的财产，任何人不得干涉。

老年人继承父母或子女的遗产是基于父母与子女之间的相互继承权，即子女可以继承其父母的遗产，父母可以继承其子女的遗产。享有继承权的父母，包括生父母、养父母和有抚养关系的继父母。享有继承权的子女，包括亲生子女、养子女和有抚养关系的继子女，而且不论性别，不论已婚还是未婚，都平等地享有继承权。

此外，老年人也有继承其他亲属遗产的权利，如作为第二顺序继承人，继承兄弟姐妹、祖父母、外祖父母的遗产。老年人作为丧偶儿媳对公、婆或老年人作为丧偶女婿对岳父、岳母，尽了主要赡养义务的，应作为第一顺序继承人。

除继承权外，老年人享有的接受遗赠权也不得侵犯。所谓遗赠，是指被继承人通过遗嘱的方式，将其遗产的一部分或全部赠与国家、社会或者法定继承人以外的人的一种民事法律行为。

本条第3款规定，老年人以遗嘱处分财产，应当依法为老年配偶保留必要的份额。即老年人立遗嘱处分个人财产时应为老年配偶保留特留份。特留份，是法律规定的由特定的法定继承人继承的遗产份额。《民法典》第 1141 条规定，遗嘱应当为缺乏劳动能力又没有生活来源的继承人保留必要的遗产份额。

关联法规

《民法典》第 1061 条、第 1141 条

《最高人民法院关于适用〈中华人民共和国民法典〉继承编的解释（一）》第 25 条

第二十三条　【扶养义务】老年人与配偶有相互扶养的义务。

由兄、姐扶养的弟、妹成年后，有负担能力的，对年老无赡养人的兄、姐有扶养的义务。

条文注释

本条是关于老年人与配偶以及特定情况下弟、妹对年老兄、姐扶养义务的规定。

扶养是同辈之间的扶助、供养，一般发生在配偶之间、兄弟姐妹之间。

根据本条第 2 款及《民法典》的相关规定，弟、妹扶养年老兄、姐的条件是：(1)兄、姐缺乏劳动能力又缺乏生活来源；(2)兄、姐没有赡养人，或赡养人没有赡养能力，如兄、姐无配偶、无子女，或配偶、子女均已经死亡或均没有赡养能力；(3)弟、妹由兄、姐扶养长大；(4)弟、妹有负担能力。

关联法规

《民法典》第 1059 条、第 1075 条

《最高人民法院关于适用〈中华人民共和国民法典〉继承编的解释（一）》第 13 条

第二十四条　【不履行赡养、扶养义务】赡养人、扶养人不履行赡养、扶养义务的，基层群众性自治组织、老年人组织或者赡养人、扶养人所在单位应当督促其履行。

条文注释

本条是关于赡养人、扶养人不履行赡养、扶养义务，相关组织应当督促其履行的规定。

赡养和扶养是法定义务，赡养人、扶养人应按照法律规定，自觉履行。赡养人、扶养人不依法履行赡养、扶养义务的，基层群众性自治组织、老年人组织或者赡养人、扶养人所在单位应当督促其履行。其中，基层群众性自治组织主要指的是村民委员会和居民委员会，依照本法第7条第3款的规定，维护老年人合法权益是基层群众性自治组织应当承担的一项公共事务。因此，村民委员会和居民委员会应当依法做好与老年人权益保护相关的工作。赡养人、扶养人所在单位是赡养人、扶养人的工作场所。所在单位与赡养人、扶养人关系密切，对他们有一定的约束管理职能，由其督促履行，往往也能取得比较好的效果。

第二十五条　【禁止家庭暴力】禁止对老年人实施家庭暴力。

条文注释

本条是关于禁止家庭暴力的规定。

所谓家庭暴力，必须是发生在家庭成员之间的暴力行为，而家庭成员主要是指具有亲属关系的人，包括夫妻、父母子女、兄弟姐妹、祖孙、儿媳与公婆、女婿与岳父母等。家庭暴力行为分为两类，即对身体的暴力行为和对精神的暴力行为。家庭暴力不同于虐待，只有持续性、经常性的家庭暴力，才构成虐待。老年人作为弱势群体，在家庭暴力中往往处于受害的一方，家庭暴力对老年人的身体和精神都有极大的伤害。

解决家庭暴力问题是一个系统工程，应由各有关部门通力合作，国家机关与社会团体相互配合，形成全社会的合力。从国家的角度看，为解决家庭暴力问题，需要构建以下三项制度：第一，国家采取措施，预防和制止家庭暴力，这里的措施包括通过立法、制定有关政策等，2015年我国颁布了《反家庭暴力法》；第二，由公安、民政、司法行政等部门在各自职责范围内预防和制止家庭暴力，依法为受害老年人提供救助；第三，由基层群众性自治组织、社会团体依法预防和制止家庭暴力，为受害老年人提供救助。

关联法规

《民法典》第1042条第3款

《刑法》第260条

《反家庭暴力法》

第二十六条　【监护人】具备完全民事行为能力的老年人，可以在近亲属或者其他与自己关系密切、愿意承担监护责任的个人、组织中协商确定自己的监护人。监护人在老年人丧失或者部分丧失民事行为能力时，依法承担监护责任。

老年人未事先确定监护人的，其丧失或者部分丧失民事行为能力时，依照有关法律的规定确定监护人。

条文注释

本条是关于老年人如何确定监护人的规定。

随着年龄增加，老年人在精神上、身体上及智力上都发生着不可逆转的退行性变化，还有许多患病的老年人表达和维护自身权益的能力出现不同程度的欠缺，因此特别需要监护人帮助其实现并维护其权利。

本条第1款规定了老年人可以事先确定监护人，即老年人在神志清醒的时候，允许其为自己选择监护人。老年人选择监护人应满足以下两个条件：(1)确定监护人时，老年人应具备完全民事行为能力；(2)监护人范围为近亲属，其他与自己关系密切、愿意承担监护责任的个人及组织。

本条第2款是关于未事先确定监护人的老年人在丧失民事行为能力时如何确定监护人的规定。根据本款规定,如果老年人未事先确定监护人,在其丧失或部分丧失民事行为能力之后,依照有关法律规定确定监护人。根据《民法典》的相关规定,无民事行为能力或者限制民事行为能力的成年人,由下列有监护能力的人按顺序担任监护人:(1)配偶;(2)父母、子女;(3)其他近亲属;(4)其他愿意担任监护人的个人或者组织,但是须经被监护人住所地的居民委员会、村民委员会或者民政部门同意。

一般情况下,老年人的监护人应承担的职责包括:(1)保护被监护人的身体健康;(2)照顾被监护人的生活;(3)管理和保护被监护人的财产;(4)代理被监护人进行民事活动;(5)在被监护人合法权益受到侵害或者与他人发生争议时,代理其进行诉讼;(6)承担因未履行监护职责致使被监护人实施侵权行为而给他人造成损害的赔偿责任等。

关联法规

《民法典》第28条、第30~39条

第二十七条　【家庭养老支持政策】国家建立健全家庭养老支持政策,鼓励家庭成员与老年人共同生活或者就近居住,为老年人随配偶或者赡养人迁徙提供条件,为家庭成员照料老年人提供帮助。

条文注释

本条是关于国家将建立健全家庭养老支持政策,为居家养老提供政策鼓励和支撑的规定。

老年人养老以居家为基础。在居家养老中,家庭养老仍是一项极其重要的内容,国家加强对家庭养老的支持力度,有助于减轻家庭养老负担,进而为居家养老提供支撑。因此,家庭养老支持政策对居家养老,尤其是家庭养老具有重要意义。所谓家庭养老支持政策，是指对照料老年人的家庭给予扶助和支持的法律法规和政策措施的总和，包括支持家庭养老的免税政策、津贴政策、弹性就业政策等。家庭养老支持政策是家庭发展政策的重要组成部分。加强对家庭养老的支持力度，减轻家庭养老的负担，不仅可以有效缓解社会养老服务体系的压力，而且能够更好地发挥家庭养老的传统，提高老年人的物质和精神生活质量。

第三章　社会保障

第二十八条　【养老保险制度】国家通过基本养老保险制度，保障老年人的基本生活。

条文注释

本条是关于基本养老保险制度的规定。

建立与经济社会发展和人口老龄化水平相适应的养老保障制度，是中国发展老龄事业的重要任务。近年来，我国逐步建立健全政府、社会、家庭和个人相结合的养老保障体系，努力保障老年人的基本生活。

基本养老保险是养老保障制度的关键一环，也是我国当前社会保险的主要险种之一。基本养老保险制度，是指缴费达到法定期限并且个人达到法定退休年龄后，国家和社会提供物质帮助以保证年老者有稳定、可靠的生活来源的社会保险制度。我国的基本养老保险制度由三个部分组成：职工基本养老保险制度、新型农村社会养老保险制度、城镇居民社会养老保险制度。基本养老保险制度从法律制度层面上实现了“覆盖城乡居民”，基本养老保险制度的目标是“老有所养”。

目前，我国养老保险制度实行的是缴费模式，享受基本养老保险待遇与缴费年限挂钩。享受养老保险待遇必须符合两个条件：一是必须达到法定退休年龄；二是累计缴费满15年。

达到退休年龄是享受基本养老保险待遇的基本条件之一。我国现行企业职工法定退休年龄为:男职工为年满60周岁,女干部为年满55周岁,女工人为年满50周岁;从事井下、高空、高温、特别繁重体力劳动或者其他有害身体健康的工作,男年满55周岁、女年满45周岁;因病或者非因工致残,由医院证明并经劳动鉴定委员会确认,完全丧失劳动能力的,退休年龄为男年满50周岁,女年满45周岁。

缴费满15年是享受基本养老保险待遇的门槛。缴费不足15年的,可以缴费至满15年后享受基本养老保险待遇。

关联法规

《社会保险法》第10~22条

第二十九条　【医疗保险制度】国家通过基本医疗保险制度,保障老年人的基本医疗需要。享受最低生活保障的老年人和符合条件的低收入家庭中的老年人参加新型农村合作医疗和城镇居民基本医疗保险所需个人缴费部分,由政府给予补贴。

有关部门制定医疗保险办法,应当对老年人给予照顾。

条文注释

本条是关于基本医疗保险制度的规定。

基本医疗保险制度,是指按照国家规定缴纳一定比例的医疗保险费,在参保人患病或受意外伤害就医产生医疗费用后,由医疗保险基金支付其医疗保险待遇的社会保险制度。用人单位和个人缴费,建立医疗保险基金。当参保人员患病就诊产生医疗费用后,由医疗保险经办机构给予其一定的经济补偿,以减轻劳动者因就医带来的经济压力。基本医疗保险制度由三个部分组成:职工基本医疗保险制度、新型农村合作医疗保险制度、城镇居民基本医疗保险制度。基本医疗保险制度实现了"覆盖城乡居民",使全体公民实现"病有所医"。

医疗需求是老年人的一项重要需求,因此基本医疗保险制度对保障老年人基本医疗有重要作用。根据《社会保险法》的规定，参加职工基本医疗保险的个人，达到法定退休年龄时累计缴费达到国家规定年限的，退休后不再缴纳基本医疗保险费，按照国家规定享受基本医疗保险待遇；未达到国家规定年限的，可以继续缴费至国家规定的年限。国家目前对最低缴费年限没有统一规定，各地方规定也不同。

关联法规

《社会保险法》第23～32条

第三十条　【护理保障工作】国家逐步开展长期护理保障工作，保障老年人的护理需求。

对生活长期不能自理、经济困难的老年人，地方各级人民政府应当根据其失能程度等情况给予护理补贴。

条文注释

本条是关于国家将逐步建立健全老年人长期护理保障制度的规定。

对老年人的长期护理保障工作是指为生活不能自理、需要长期护理的高龄人群提供护理服务和费用补偿等各方面的保障工作。

我国社会老龄化形势要求逐步开展长期护理保障工作。随着我国人口老龄化进程的不断加快，家庭结构小型化、女性出家门就业的情况与人口老龄化、老年慢性病盛行以及重残老年人剧增的状况构成了矛盾，老年人的长期护理工作已经由过去的家庭责任逐步演变为现实的社会问题。失能老年人剧增、长期护理成本居高不下、长期护理服务供需严重失衡以及老年人因缺少照料导致抑郁、自杀等问题日益凸显，已到了政府和社会必须认真对待并加以解决的时候。

为此本条第2款也明文要求对那些生活长期不能自理、经济困难的老年人，地方各级人民政府应当根据其失能程度等情况给予护理补贴。

第三十一条 【老年人救助】国家对经济困难的老年人给予基本生活、医疗、居住或者其他救助。

老年人无劳动能力、无生活来源、无赡养人和扶养人,或者其赡养人和扶养人确无赡养能力或者扶养能力的,由地方各级人民政府依照有关规定给予供养或者救助。

对流浪乞讨、遭受遗弃等生活无着的老年人,由地方各级人民政府依照有关规定给予救助。

条文注释

本条是关于国家给予老年人必要社会救助的规定。

社会救助是指国家和其他社会主体对遭受自然灾害、失去劳动能力或者其他低收入公民给予物质或精神帮助,以维持其基本生活需求,保障其最低生活水平的各种措施。社会救助作为社会保障体系的重要组成部分,对经济困难的老年人亦具有重要意义。为此,本条第1款就国家应给予老年人必要社会救助作出了一般规定,即对于经济困难的老年人,国家应给予其基本生活、医疗、居住或其他方面的社会救助。

本条第2款规定了对"三无老人"的社会救助。所谓"三无老人",是指无劳动能力、无收入来源、无法定赡养人或扶养人(或者其赡养人和扶养人确无赡养、扶养能力)的老年人。"三无老人"作为生存能力差的社会群体之一,特别需要依靠国家和社会给予救助或救济。因此,地方各级人民政府应依照有关规定给予供养或者救助。

本条第3款规定了对流浪乞讨、遭受遗弃等生活无着的老年人的社会救助。按照《城市生活无着的流浪乞讨人员救助管理办法》的规定,公安机关和其他有关行政机关的工作人员在执行职务时发现流浪乞讨人员的,应当告知其向救助站求助;对其中的残疾人、老年人和行动不便的其他人员,还应当引导、护送到救助站。救助站对受助的老年人应当给予照顾。此外,受助人员住所地的县级人民政府应当采取措施,帮助受助人员解决生产、生活困难,教育遗弃老年人的近亲属或者其他监护人履行赡养义务。

关联法规

《城市生活无着的流浪乞讨人员救助管理办法》

《城市生活无着的流浪乞讨人员救助管理办法实施细则》

第三十二条　【住房照顾】 地方各级人民政府在实施廉租住房、公共租赁住房等住房保障制度或者进行危旧房屋改造时，应当优先照顾符合条件的老年人。

条文注释

本条是关于各级政府实施住房保障制度时应当优先照顾老年人的规定。

住房保障制度，简单地说，就是在社会发展中，对经济困难的人群实施保障措施，使其有房子住。在当代社会，给予住房保障是一个文明社会的基本目标之一。

在社会主义市场经济条件下，我国有多种住房保障形式。比如，廉租房、公租房、共有产权房、限竞房等。住房保障制度和失业保障、养老保障、医疗保障等制度均是社会保障制度的重要组成部分。

考虑到老年人基本已无收入来源，而住房又是老年人生活基本所需，本条要求地方政府在实施住房保障制度或者进行危旧房屋改造时，应当优先照顾符合条件的老年人。

关联法规

《廉租住房保障办法》第19条

第三十三条　【老年人福利】 国家建立和完善老年人福利制度，根据经济社会发展水平和老年人的实际需要，增加老年人的社会福利。

国家鼓励地方建立八十周岁以上低收入老年人高龄津贴制度。

国家建立和完善计划生育家庭老年人扶助制度。

农村可以将未承包的集体所有的部分土地、山林、水面、滩涂等作为养老基地，收益供老年人养老。

条文注释

本条是关于老年人福利制度的规定。

本条第1款是关于国家建立和完善老年人福利制度的规定。所谓社会福利制度分广义和狭义两种，广义的社会福利是指提高广大社会成员生活水平的各种政策和社会服务，旨在解决广大社会成员在各个方面的福利待遇问题。狭义的社会福利则是指对生活能力较弱的儿童、老人、残疾人、慢性精神病人以及贫困家庭等的社会照顾和社会服务。

本条第2款是关于国家鼓励地方建立老年人高龄津贴制度的规定。高龄津贴，是一种兼有社会救助和社会福利性质的社会保障措施。高龄津贴是老年福利的一种，是针对高龄老人（通常是指80周岁以上的老年人）发放的福利，旨在提高高龄老人的生活质量，倡导敬老尊老的社会风气。建立高龄津贴制度，体现了保障高龄老人生活质量的政府责任，有利于维护高龄老人获得物质帮助的权利。此外，建立高龄津贴制度对建立资金保障与服务提供相结合的社会养老服务体系，推动社会福利由补缺型向适度普惠型转变，具有重要意义。

本条第3款是关于国家建立和完善计划生育家庭老年人扶助制度的规定。为计划生育家庭老人提供扶助主要是基于以下考虑：一是当前我国实行居家养老为基础的养老政策，实行计划生育后，一些家庭养老能力弱，国家应当为其提供一定保障。二是目前我国部分地区已经开始实施一些相关的政策，如对农村年满60周岁以上、只生育一个子女或只生育两个女儿的人员发放补贴等。

本条第4款是关于农村养老基地和生活补贴制度的规定。养老基地制度是农村群众自治组织和集体经济组织将一部分未承包的土地、山林、滩涂等，交由专人或者老年人组织经营管理，其收益除支付劳动报酬和必要开销外，全部供老年人养老。养老基地制度作为一项农村实践经验的总结，对贫困地区保障和改善老年人生活具有积极意义。

第三十四条 【养老金及其他待遇保障】老年人依法享有的养老金、医疗待遇和其他待遇应当得到保障，有关机构必须按时足额支付，不得克扣、拖欠或者挪用。

国家根据经济发展以及职工平均工资增长、物价上涨等情况，适时提高养老保障水平。

第三十五条 【物质帮助】国家鼓励慈善组织以及其他组织和个人为老年人提供物质帮助。

第三十六条 【扶养、扶助协议】老年人可以与集体经济组织、基层群众性自治组织、养老机构等组织或者个人签订遗赠扶养协议或者其他扶助协议。

负有扶养义务的组织或者个人按照遗赠扶养协议，承担该老年人生养死葬的义务，享有受遗赠的权利。

条文注释

本条是关于遗赠扶养协议及其他扶助协议的规定。

遗赠扶养协议是受扶养人（亦是遗赠人）和扶养人之间订立的，由扶养人承担受扶养人的生养死葬的义务，受扶养人将自己所有的财产于其死后转归扶养人所有的协议。

“扶养人”是指法定继承人以外的其他自然人或组织。这种协议内容为，扶养人承担遗赠人生养死葬的义务，并于遗赠人死后取得其遗产。因此，遗赠扶养协议可分为以下两类：一类是公民之间的遗赠扶养协议；另一类是公民与基层群众性自治组织、养老机构等组织之间的遗赠扶养协议。这里的“遗赠人”一般是缺乏劳动能力又缺乏生活来源的鳏寡孤独的“五保户”老人。

法定继承、遗嘱继承、遗赠扶养协议继承三种继承方式的法律效力是依次递增的，即遗赠扶养协议效力优先，遗嘱继承次之，法定继承最后。如被继承人生前与他人签订了遗赠扶养协议，同时又立有遗嘱，继承开始后，如果遗赠扶养协议与遗嘱没有抵触，遗产分别按遗赠扶养协议和遗嘱处理；如果有抵触，按遗赠扶养协议处理，与遗赠扶养协议抵触的遗嘱全部或部分无效。只有被继承人生前未与他人订立遗赠扶养协议，且未立有遗嘱的，才启动法定继承程序。

扶养人或集体组织与公民签订了遗赠扶养协议，扶养人或集体组织无正当理由不履行协议内容，致协议解除的，不能享有受遗赠的权利，其支付的供养费用一般不予补偿；遗赠人无正当理由不履行协议内容，致协议解除的，则应偿还扶养人或集体组织已支付的供养费用。

关联法规

《民法典》第 1123 条、第 1158 条

《最高人民法院关于适用〈中华人民共和国民法典〉继承编的解释（一）》第 3 条、第 29 条

第四章 社 会 服 务

第三十七条 【社区养老服务】地方各级人民政府和有关部门应当采取措施，发展城乡社区养老服务，鼓励、扶持专业服务机构及其他组织和个人，为居家的老年人提供生活照料、紧急救援、医疗护理、精神慰藉、心理咨询等多种形式的服务。

对经济困难的老年人，地方各级人民政府应当逐步给予养老服务补贴。

条文注释

本条是关于发展城乡社区养老服务的一般规定。

社区养老服务是指通过政府扶持、社会参与、市场运作，逐步建立以家庭养老为核心，以社区服务为依托，以专业化服务为依靠，向居家老人提供生活照料、医疗保健、精神慰藉、文化娱乐等为主要内容的服务。

社区养老服务与社区养老关系密切，社区养老服务建立在社区养老模式之上。为促进并实现养老服务体系中的以“社区为依托”，各地方人民政府和有关部门积极发展城乡社区养老服务尤为重要。也只有依托社区及社区养老服务，才能有效缓解居家养老的负担。

考虑到社区养老服务背后的经济负担，本条第2款要求地方各级人民政府逐步建立养老服务补贴制度，为经济困难的老年人提供养老服务补贴。其中，所谓养老服务补贴制度，是指政府为低收入、高龄、独居、失能等养老困难的老年人提供补贴，为他们入住养老机构或者接受社区、居家养老服务，提供支持的一种制度。

第三十八条　【养老服务设施】地方各级人民政府和有关部门、基层群众性自治组织，应当将养老服务设施纳入城乡社区配套设施建设规划，建立适应老年人需要的生活服务、文化体育活动、日间照料、疾病护理与康复等服务设施和网点，就近为老年人提供服务。

发扬邻里互助的传统，提倡邻里间关心、帮助有困难的老年人。

鼓励慈善组织、志愿者为老年人服务。倡导老年人互助服务。

条文注释

本条是关于养老服务设施和倡导帮助困难老年人的规定。

机构养老服务是我国养老服务体系的三大有机组成部分之一。机构养老服务以设施建设为重点，通过设施建设，实现机构养老的基本养老服务功能，因此推动养老服务设施建设对建设具有我国特色的养老服务体系至关重要。基于此，本条第1款规定地方各级人民政府和有关部门、基层群众性自治组织，应当将养老服务设施纳入城乡社区配套设施建设规划。

本条第2款是关于邻里互助的规定，第3款则是关于鼓励慈善组织、志愿者为老年人提供志愿服务的规定。根据《志愿服务条例》的规定，志愿服务，是指志愿者、志愿服务组织和其他组织自愿、无偿向社会或者他人提供的公益服务。志愿者，是指以自己的时间、知识、技能、体力等从事志愿服务的自然人。志愿服务组织，是指依法成立，以开展志愿服务为宗旨的非营利性组织。根据《慈善法》的规定，慈善组织，是指依法成立、符合《慈善法》规定，以面向社会开展慈善活动为宗旨的非营利性组织。慈善组织可以采取基金会、社会团体、社会服务机构等组织形式。

值得一提的是，本条第3款还特别倡导了老年人之间开展互助服务。老年人之间开展互助服务的规定是从实践中总结出来的，主要包括"年轻的"老人关心帮助"年长的"老人，身体好的老人关心帮助身体差的老人，有家有口的老人关心帮助"空巢老人"等。老年人之间的互帮互助，得益于双方都有时间，有共同语言，也容易沟通，因此这种互助形式非常受老年人欢迎。

关联法规

《志愿服务条例》

《慈善法》

第三十九条　【政策支持】各级人民政府应当根据经济发展水平和老年人服务需求，逐步增加对养老服务的投入。

各级人民政府和有关部门在财政、税费、土地、融资等方面采取措施，鼓励、扶持企业事业单位、社会组织或者个人兴办、运营养老、老年人日间照料、老年文化体育活动等设施。

第四十条 【养老服务设施用地】地方各级人民政府和有关部门应当按照老年人口比例及分布情况，将养老服务设施建设纳入城乡规划和土地利用总体规划，统筹安排养老服务设施建设用地及所需物资。

公益性养老服务设施用地，可以依法使用国有划拨土地或者农民集体所有的土地。

养老服务设施用地，非经法定程序不得改变用途。

第四十一条 【公办养老机构】政府投资兴办的养老机构，应当优先保障经济困难的孤寡、失能、高龄等老年人的服务需求。

条文注释

本条是关于公办养老机构优先保障困难老年人的规定。

养老机构，是社会养老专有名词，是指为老年人提供饮食起居、清洁卫生、生活护理、健康管理和文体娱乐活动等综合性服务的机构。它可以是独立的法人机构，也可以是附属于医疗机构、企事业单位、社会团体或组织、综合性社会福利机构的一个部门或者分支机构。

养老机构致力于提供专业化和规范化的养老服务，它面向的主要对象如下：一是需由政府供养的孤寡老人；二是空巢老人；三是家庭无力照顾的、生活不能自理或半自理的老人；四是有经济支付能力愿意到养老机构接受照料的老人。

需注意的是，本条称的养老机构是政府投资兴办的，因此要求其优先保障经济困难的孤寡、失能、高龄等老年人的服务需求。

第四十二条　【分类管理和评估】国务院有关部门制定养老服务设施建设、养老服务质量和养老服务职业等标准，建立健全养老机构分类管理和养老服务评估制度。

各级人民政府应当规范养老服务收费项目和标准，加强监督和管理。

关联法规

《国家发展改革委、民政部关于规范养老机构服务收费管理促进养老服务业健康发展的指导意见》

《养老机构服务质量基本规范》

第四十三条　【养老机构的登记】设立公益性养老机构，应当依法办理相应的登记。

设立经营性养老机构，应当在市场监督管理部门办理登记。

养老机构登记后即可开展服务活动，并向县级以上人民政府民政部门备案。

关联法规

《养老机构管理办法》

第四十四条　【养老机构综合监管制度】地方各级人民政府加强对本行政区域养老机构管理工作的领导，建立养老机构综合监管制度。

县级以上人民政府民政部门负责养老机构的指导、监督和管理，其他有关部门依照职责分工对养老机构实施监督。

关联法规

《国务院办公厅关于建立健全养老服务综合监管制度促进养老服务高质量发展的意见》

第四十五条　【监督检查措施】县级以上人民政府民政部门依法履行监督检查职责，可以采取下列措施：

（一）向养老机构和个人了解情况；

（二）进入涉嫌违法的养老机构进行现场检查；

（三）查阅或者复制有关合同、票据、账簿及其他有关资料；

（四）发现养老机构存在可能危及人身健康和生命财产安全风险的，责令限期改正，逾期不改正的，责令停业整顿。

县级以上人民政府民政部门调查养老机构涉嫌违法的行为，应当遵守《中华人民共和国行政强制法》和其他有关法律、行政法规的规定。

第四十六条　【养老机构的变更、终止】养老机构变更或者终止的，应当妥善安置收住的老年人，并依照规定到有关部门办理手续。有关部门应当为养老机构妥善安置老年人提供帮助。

第四十七条　【养老服务人才培养】国家建立健全养老服务人才培养、使用、评价和激励制度，依法规范用工，促进从业人员劳动报酬合理增长，发展专职、兼职和志愿者相结合的养老服务队伍。

国家鼓励高等学校、中等职业学校和职业培训机构设置相关专业或者培训项目，培养养老服务专业人才。

条文注释

本条是关于养老服务人才队伍建设的规定。

养老服务人才队伍建设是发展养老服务的一个重要内容。当前我国养老护理行业存在养老护理员专业技能不高、用工难，老年社工专业素质较低、人员紧缺等问题。为解决这些问题，并有效应对人口老龄化国情,2020 年 11 月《国务院办公厅关于建立健全养老服务综合监管制度促进养老服务高质量发展的意见》中明确指出:“养老服务机构中从事医疗护理、康复治疗、消防管理等服务的专业技术人员,应当具备相关资格。加强养老护理员岗前职业技能培训及岗位职业技能提升培训,积极开展养老护理员职业技能等级认定工作。加强院校内老年服务与管理人才培养,实施职业技能水平评价。严格末端监督执法,依法依规加强对有关培训评价组织和职业技能等级证书的监管,防止出现乱培训、滥发证现象。依法依规从严惩处养老服务机构欺老、虐老等侵害老年人合法权益的行为,对相关责任人实施行业禁入措施。”

第四十八条　【养老服务协议】养老机构应当与接受服务的老年人或者其代理人签订服务协议,明确双方的权利、义务。

养老机构及其工作人员不得以任何方式侵害老年人的权益。

条文注释

本条是关于养老服务协议的规定。

养老服务协议,是养老机构与服务对象或其代理人签订的,旨在明确双方权利义务,减少和避免争议纠纷发生的民事协议。

根据《养老机构管理办法》第 16 条的规定,养老机构应当与老年人或者其代理人签订服务协议,明确当事人的权利和义务。服务协议一般包括下列条款:(1)养老机构的名称、住所、法定代表人或者主要负责人、联系方式;(2)老年人或者其代理人和紧急联系人的姓名、住址、身份证明、联系方式;(3)照料护理等级和服务内容、服务方式;(4)收费标准和费用支付方式;(5)服务期限和场所;(6)协议变更、解除与终止的条件;(7)暂停或者终止服务时老年人安置方式;(8)违约责任和争议解决方式;(9)当事人协商一致的其他内容。

关联法规

《养老机构管理办法》第 16 条、第 17 条、第 46 条

第四十九条　【养老责任保险】国家鼓励养老机构投保责任保险,鼓励保险公司承保责任保险。

条文注释

本条是关于国家鼓励养老机构投保责任保险的规定。

养老机构是养老产业的重要组成部分。与医疗行业相似,长期以来,养老产业同样面临服务过程中发生意外时责任难以判定的问题。比起医院,养老机构在这类问题发生时所处的境遇往往更为弱势,这种养老护理服务领域潜在的意外风险,成为行业中高悬的"一柄利剑"。

养老机构责任保险,是对入住养老机构的老年人或居家老人在接受护理人员服务过程中,由于各类原因导致的意外事故出现人身伤害时在约定限额内给予赔偿的一种责任保险。此类保险能有效分担养老机构的风险,对于保障老年人合法权益、降低养老机构经营风险、促进机构养老有序发展、增强社会互助具有重要意义。

关联法规

《养老机构管理办法》第34条

第五十条　【老年医疗卫生服务】各级人民政府和有关部门应当将老年医疗卫生服务纳入城乡医疗卫生服务规划,将老年人健康管理和常见病预防等纳入国家基本公共卫生服务项目。鼓励为老年人提供保健、护理、临终关怀等服务。

国家鼓励医疗机构开设针对老年病的专科或者门诊。

医疗卫生机构应当开展老年人的健康服务和疾病防治工作。

关联法规

《老年医学科建设与管理指南(试行)》

第五十一条　【医学研究和健康教育】国家采取措施，加强老年医学的研究和人才培养，提高老年病的预防、治疗、科研水平，促进老年病的早期发现、诊断和治疗。

国家和社会采取措施，开展各种形式的健康教育，普及老年保健知识，增强老年人自我保健意识。

条文注释

本条是关于加强老年医学研究及老年健康教育的规定。

老年病又称老年疾病，是指自然人在老年期所患的与衰老有关的，并且有自身特点的疾病。老年人患病主要是因为随着年龄增加，人体组织结构进一步老化，各器官功能逐步出现障碍，身体抵抗力逐步减弱，活动能力降低，以及协同功能衰退。

因此，在老龄社会，老年病将成为社会的一大现实问题，需国家和社会协同加以重视和解决。对于国家来说，支持老年医学的研究、人才培养，提高老年病的预防、治疗、科研水平不仅有助于缓解老年病给社会带来的医疗压力，也有助于保障老年人更健康地生活。

第五十二条　【老龄产业】国家采取措施，发展老龄产业，将老龄产业列入国家扶持行业目录。扶持和引导企业开发、生产、经营适应老年人需要的用品和提供相关的服务。

条文注释

本条是关于国家采取措施发展老龄产业的规定。

关于老龄产业的概念，目前还没有形成一个统一的认识。简要来说，老龄产业是由企业、社会组织和个人根据市场需求专门针对老年人这一特殊群体提供的物质文化产品和服务的集合。业内也将老龄产业称为“银色产业”“银发产业”。

为扶持老龄产业发展，本条明确规定国家应将老龄产业列入国家扶持行业目录。扶持和引导企业开发、生产、经营适应老年人需要的用品和提供相关的服务。在实践中,国家采取措施发展老龄产业一般从以下两方面着手:(1)完善老龄产业政策。把老龄产业纳入经济社会发展总体规划,列入国家扶持行业目录;研究制定、落实引导和扶持老龄产业发展的信贷、投资等支持政策;鼓励社会资本投入老龄产业。引导老年人合理消费,培育壮大老年用品消费市场。(2)引导老龄产业健康发展。研究制定老年产品质量标准,加强老龄产业市场监管。发挥老龄产业行业协会和中介组织的积极作用,加强信息服务和行业自律。疏通老龄产业发展融资渠道。

需要加以区分的是老龄产业和老龄事业,这两者之间既有联系又有区别。尽管老龄产业和老龄事业均以老年人为服务对象,为老龄群体提供与生活保障相关的各种设备、设施、物品、服务等,但是老龄事业是具有显著公益性特点的民生事业,是社会公共管理性质的政府行为。而老龄产业在性质上是个体经济单位的市场交易活动,是提升老年人生活质量的重要途径。

第五章 社 会 优 待

第五十三条 【社会优待】县级以上人民政府及其有关部门根据经济社会发展情况和老年人的特殊需要,制定优待老年人的办法,逐步提高优待水平。

对常住在本行政区域内的外埠老年人给予同等优待。

条文注释

本条是关于政府对老年人社会优待的一般规定。

老年人因生理、心理等客观因素,生活能力有所退化,且年老退休后经济来源也有限,为保障老年人合法权益,国家和社会给予老年人优待具有特别重要的意义。在给予老年人社会优待中,政府担负着重要职责。政府优待老年人的职责主要包括:承担政策创制责任,积极研究制定优待老午人的相关政策法规;依法率先做好优待老年人的相关工作，为社会力量优待老年人树立榜样；提供必要的公共财政支持和政策扶持，引导和调动社会各方力量共同优待老年人，在全社会营造尊敬和优待老年人的良好氛围。

本条第2款是关于同等优待原则的规定。随着我国城市化进程加快，老年人跨地区流动现象较为普遍。广大老年人反映的突出问题是许多地方的优待只面向本地户籍老年人，外地老年人难以享受到同等优待。本法2012年修订时作出明确规定，对常住在本行政区域内的外埠老年人给予同等优待。

第五十四条　【为老年人及时、便利地享受物质帮助提供条件】各级人民政府和有关部门应当为老年人及时、便利地领取养老金、结算医疗费和享受其他物质帮助提供条件。

第五十五条　【重大事项询问并优先办理】各级人民政府和有关部门办理房屋权属关系变更、户口迁移等涉及老年人权益的重大事项时，应当就办理事项是否为老年人的真实意思表示进行询问，并依法优先办理。

第五十六条　【司法优待】老年人因其合法权益受侵害提起诉讼交纳诉讼费确有困难的，可以缓交、减交或者免交；需要获得律师帮助，但无力支付律师费用的，可以获得法律援助。

鼓励律师事务所、公证处、基层法律服务所和其他法律服务机构为经济困难的老年人提供免费或者优惠服务。

条文注释

本条是关于给予老年人司法优待的规定，主要包括司法救助和法律援助。

司法救助，是指当事人为维护自己的合法权益，向人民法院提起民事、行政诉讼，但经济确有困难的，人民法院视情况实行诉讼费用缓交、减交、免交的政策。实施司法救助的根本目的在于确保经济有困难的当事人也能通过国家的司法救济来维护自身的合法权益。

根据相关规定,老年人可以向人民法院申请司法救助的情形主要有:(1)追索赡养费、扶养费、抚育费、抚恤金的;(2)孤寡老人和农村“五保户”;(3)没有固定生活来源的残疾人、患有严重疾病的人;(4)国家规定的优抚、安置对象;(5)追索社会保险金、劳动报酬和经济补偿金的;(6)交通事故、医疗事故、工伤事故、产品质量事故或者其他人身伤害事故的受害人,请求赔偿的;(7)正在享受城市居民最低生活保障、农村特困户救济或者领取失业保险金,无其他收入的;(8)因自然灾害等不可抗力造成生活困难,正在接受社会救济,或者家庭生产经营难以为继的;(9)起诉行政机关违法要求农民履行义务的;(10)正在接受有关部门法律援助的;(11)其他情形确实需要司法救助的。

法律援助是指由政府设立的法律援助机构组织法律援助人员,为经济困难或特殊情形下的当事人无偿提供法律咨询、代理、刑事辩护等法律服务。根据《法律援助条例》第10条的规定,老年公民对下列需要代理的事项,因经济困难没有委托代理人的,可以向法律援助机构申请法律援助:(1)依法请求国家赔偿的;(2)请求给予社会保险待遇或者最低生活保障待遇的;(3)请求发给抚恤金、救济金的;(4)请求给付赡养费、抚育费、扶养费的;(5)请求支付劳动报酬的;(6)主张因见义勇为行为产生的民事权益的。另外,省、自治区、直辖市人民政府可以对上述规定以外的法律援助事项作出补充规定。

根据《法律援助条例》第11条的规定,刑事诉讼中有下列情形之一的,老年公民可以向法律援助机构申请法律援助:(1)犯罪嫌疑人在被侦查机关第一次讯问后或者采取强制措施之日起,因经济困难没有聘请律师的;(2)公诉案件中的被害人及其法定代理人或者近亲属,自案件移送审查起诉之日起,因经济困难没有委托诉讼代理人的;(3)自诉案件的自诉人及其法定代理人,自案件被人民法院受理之日起,因经济困难没有委托诉讼代理人的。

关联法规

《法律援助条例》第 10 条、第 11 条

《诉讼费用交纳办法》第 44 ~ 51 条

《最高人民法院关于对经济确有困难的当事人提供司法救助的规定》

《关于进一步加强老年人优待工作的意见》二、(六)

第五十七条 【医疗优待】医疗机构应当为老年人就医提供方便,对老年人就医予以优先。有条件的地方,可以为老年人设立家庭病床,开展巡回医疗、护理、康复、免费体检等服务。

提倡为老年人义诊。

条文注释

本条是关于医疗机构应给予老年人医疗优待的规定。

全国老龄办等 24 部门联合发布的《关于进一步加强老年人优待工作的意见》规定,对老年人的卫生保健优待包括:(1)医疗卫生机构要优先为辖区内 65 周岁以上常住老年人免费建立健康档案,每年至少提供 1 次免费体格检查和健康指导,开展健康管理服务。定期对老年人进行健康状况评估,及时发现健康风险因素,促进老年疾病早发现、早诊断、早治疗。积极开展老年疾病防控的知识宣传,开展老年慢性病和老年期精神障碍的预防控制工作。为行动不便的老年人提供上门服务。(2)鼓励设立老年病医院,加强老年护理院、老年康复医院建设,有条件的二级以上综合医院应设立老年病科。(3)医疗卫生机构应为老年人就医提供方便和优先优惠服务。通过完善挂号、诊疗系统管理,开设专用窗口或快速通道、提供导医服务等方式,为老年人特别是高龄、重病、失能老年人挂号(退换号)、就诊、转诊、综合诊疗提供便利条件。(4)鼓励各地医疗机构减免老年人普通门诊挂号费和贫困老年人诊疗费。提倡为老年人义诊。(5)倡导医疗卫生机构与养老机构之间建立业务协作机制,开通预约就诊

绿色通道,协同做好老年人慢性病管理和康复护理,加快推进面向养老机构的远程医疗服务试点,为老年人提供便捷、优先、优惠的医疗服务。(6)支持符合条件的养老机构内设医疗机构,申请纳入城镇职工(居民)基本医疗保险和新型农村合作医疗定点范围。

关联法规

《关于进一步加强老年人优待工作的意见》二、(二)

第五十八条 【优先、优惠服务】提倡与老年人日常生活密切相关的服务行业为老年人提供优先、优惠服务。

城市公共交通、公路、铁路、水路和航空客运,应当为老年人提供优待和照顾。

条文注释

本条是关于提倡与老年人生活密切相关的服务行业优待老年人的规定。

老年人因其身心特点在日常生活中比一般人面临的困难更多。为保障老年人合法权益,促进老年人更好地参与社会生活、社会发展,有必要在老年人的日常生活中提供更多的优待。

根据《关于进一步加强老年人优待工作的意见》的规定,对老年人交通出行优待包括:(1)城市公共交通、公路、铁路、水路和航空客运,要为老年人提供便利服务。(2)交通场所和站点应设置老年人优先标志,设立等候专区,根据需要配备升降电梯、无障碍通道、无障碍洗手间等设施。对于无人陪同、行动不便的老年人给予特别关照。(3)城市公共交通工具应为老年人提供票价优惠,鼓励对65周岁以上老年人实行免费,有条件的地方可逐步覆盖全体老年人。各地可根据实际情况制定具体的优惠办法,对落实老年优待任务的公交企业要给予相应经济补偿。(4)倡导老年人投保意外伤害保险,保险公司对参保老年人应给予保险费、保险金额等方面的优惠。(5)公共交通工具要设立不低于座席数10%的“老幼病残孕”专座。铁路部门要为列车配备无障碍车厢和座位,对有特殊需要的老年人订票和选座位提供便利服务。(6)严格执行《无障碍环境建设条例》《社区老年人日间照料中心建设标准》等建设标准,重点做好居住区、城市道路、商业网点、文化体育场馆、旅游景点等场所的无障碍设施建设,优先推进坡道、电梯等与老年人日常生活密切相关的公共设施改造,适当配备老年人出行辅助器具,为老年人提供安全、便利、舒适的生活和出行环境。(7)公厕应配备便于老年人使用的无障碍设施,并对老年人实行免费。对老年人商业服务优待包括:(1)各地要根据老年人口规模和消费需求,合理布局商业网点,有条件的商场、超市设立老年用品专柜。(2)商业饮食服务网点、日常生活用品经销单位,以及水、电、暖气、燃气、通讯、电信、邮政等服务行业和网点,要为老年人提供优先、便利和优惠服务。(3)金融机构应为老年人办理业务提供便捷服务,设置老年人取款优先窗口,并提供导引服务,对有特殊困难、行动不便的老年人提供特需服务或上门服务。鼓励对养老金客户实施减费让利,对异地领取养老金的客户减免手续费。对办理转账、汇款业务或购买金融产品的老年人,应提示相应风险。

关联法规

《关于进一步加强老年人优待工作的意见》二、(三)(四)

第五十九条　【文体场所优待】博物馆、美术馆、科技馆、纪念馆、公共图书馆、文化馆、影剧院、体育场馆、公园、旅游景点等场所,应当对老年人免费或者优惠开放。

条文注释

本条是关于文体场所对老年人免费开放或者优惠开放的规定。

《关于进一步加强老年人优待工作的意见》明确提出应对老年人提供文体休闲优待,努力丰富老年人的精神文化生活。并列明下列优待内容:(1)各级各类博物馆、美术馆、科技馆、纪念馆、公共图书馆、文化馆等公共文化服务设施,向老年人免费开放。减免老年人参观文物建筑及遗址类博物馆的门票。(2)公共文化体育部门应对老年人优惠开放,免费为老年人提供影视放映、文艺演出、体育赛事、图片展览、科技宣传等公益性流动文化体育服务。关注农村老年人文化体育需求,适当安排面向农村老年人的专题专场公益性文化体育服务。(3)公共文化体育场所应为老年人健身活动提供方便和优惠服务,安排一定时段向老年人减免费用开放,有条件的可适当增加面向老年人的特色文化体育服务项目。提倡体育机构每年为老年人进行体质测定,为老年人体育健身提供咨询、服务和指导,提高老年人科学健身水平。(4)提倡经营性文化体育单位对老年人提供优待。鼓励影剧院、体育场馆为老年人提供优惠票价,为老年文艺体育团体优惠提供场地。(5)公园、旅游景点应对老年人实行门票减免,鼓励景区内的观光车、缆车等代步工具对老年人给予优惠。

关联法规

《关于进一步加强老年人优待工作的意见》二、(五)27~31

第六十条 【筹劳义务免除】农村老年人不承担兴办公益事业的筹劳义务。

条文注释

本条是关于免除农村老年人筹劳义务的规定。

筹劳义务是农村一事一议筹资筹劳制度的重要组成部分。农村一事一议筹资筹劳制度是2000年农村税费改革初期适应改革村提留征收使用办法、取消统一规定的“两工”而作出的制度安排,是推进农村基层民主政治建设、提高民主管理水平和充分调动广大农民积极性的一项有效措施。

根据《村民一事一议筹资筹劳管理办法》的规定,筹资筹劳,是指为兴办村民直接受益的集体生产生活等公益事业,按照《村民一事一议筹资筹劳管理办法》规定经民主程序确定的村民出资出劳的行为。考虑到农村老年人年老体弱,不适宜参加体力劳动,本条明确规定农村老年人不承担兴办公益事业的筹劳义务,以维护老年人的合法权益。

关联法规

《村民一事一议筹资筹劳管理办法》

第六章　宜居环境

第六十一条　【宜居环境建设】国家采取措施，推进宜居环境建设，为老年人提供安全、便利和舒适的环境。

条文注释

本条是关于老年人宜居环境的一般规定。

老年人宜居环境建设，简单地说就是建设安全、便利和适宜老年人居住、生活的城乡环境、社区环境和家庭环境。

目前，我国关于老年人宜居环境有四大问题：(1)城乡的公共设施适老性程度比较低，老年人利用公共设施会感到不方便、不安全，更谈不上舒适。(2)老龄服务设施缺少合理布局和合理配套，生活服务设施、护理服务设施短缺。(3)老年人家庭环境不宜居，无障碍设施短缺，如上下楼不方便，在小区里行走锻炼不方便等。(4)社区为老年人服务的队伍、组织比较缺失。基于上述原因，本条就宜居环境作出了一般规定，明确了国家的责任，概括了老年宜居环境建设的总体要求。

第六十二条　【服务设施建设】各级人民政府在制定城乡规划时，应当根据人口老龄化发展趋势、老年人口分布和老年人的特点，统筹考虑适合老年人的公共基础设施、生活服务设施、医疗卫生设施和文化体育设施建设。

第六十三条　【工程建设标准体系】国家制定和完善涉及老年人的工程建设标准体系，在规划、设计、施工、监理、验收、运行、维护、管理等环节加强相关标准的实施与监督。

第六十四条　【无障碍设施建设】国家制定无障碍设施工程建设标准。新建、改建和扩建道路、公共交通设施、建筑物、居住区等，应当符合国家无障碍设施工程建设标准。

各级人民政府和有关部门应当按照国家无障碍设施工程建设标准，优先推进与老年人日常生活密切相关的公共服务设施的改造。

无障碍设施的所有人和管理人应当保障无障碍设施正常使用。

关联法规

《无障碍环境建设条例》

第六十五条　【宜居社区建设】国家推动老年宜居社区建设，引导、支持老年宜居住宅的开发，推动和扶持老年人家庭无障碍设施的改造，为老年人创造无障碍居住环境。

第七章　参与社会发展

第六十六条　【重视老年人作用】国家和社会应当重视、珍惜老年人的知识、技能、经验和优良品德，发挥老年人的专长和作用，保障老年人参与经济、政治、文化和社会生活。

条文注释

本条是关于老年人参与社会发展的一般规定。

《中国老龄事业的发展》白皮书写到，国家重视和珍惜老年人的知识、经验和技能，尊重他们的优良品德，积极创造条件，发挥老年人的专长和作用，鼓励和支持老年人融入社会，继续参与社会发展。

一直以来，我国颁布的老龄事业发展计划或规划都把鼓励老年人参与社会发展作为重要内容，并为发挥离退休高级专家和专业技术人员作用制定专项政策。比如，在城镇，各级政府根据经济、社会和科技发展需要，引导老年人参与教育培训、技术咨询、医疗卫生、科技应用开发以及关心教育下一代等活动。在农村，鼓励低龄健康老年人从事种植、养殖和加工业。

第六十七条　【老年人组织】老年人可以通过老年人组织，开展有益身心健康的活动。

条文注释

本条是关于老年人组织的规定。

老年人组织，即老年人社会组织，指依法设立的以老年工作为主要内容，以满足老年人需求为主要活动目的，或以老年人为参与主体的、非政府性的社会组织。如中国老龄协会、中国老科学技术工作者协会、中国老教授协会、中国老龄事业发展基金会等。

老年人组织是以维护老年人合法权益为目的的结社组织。成立老年人组织有助于老年人群体依靠自身的力量开展有益身心健康的活动，有助于老年人更好地参与社会发展，也有助于老年人依法维护自身的合法权益。例如，本法第7条就明确规定“依法设立的老年人组织应当反映老年人的要求，维护老年人合法权益，为老年人服务”。

第六十八条　【听取老年人和老年人组织的意见和建议】制定法律、法规、规章和公共政策，涉及老年人权益重大问题的，应当听取老年人和老年人组织的意见。

老年人和老年人组织有权向国家机关提出老年人权益保障、老龄事业发展等方面的意见和建议。

条文注释

本条是关于制定涉及老年人权益的法规应当听取老年人和老年人组织的意见，及老年人和老年人组织有权向国家机关提出意见和建议的规定。

人民当家做主的一个重要方面，就是人民群众可以通过各种途径参与立法、政策制定等活动，使法律法规及政策决定体现人民的意志，反映最广大人民群众的根本利益和长远利益。人民群众参与国家立法、政策制定等活动，主要通过以下两方面体现出来：一方面，人民群众民主选举各级人大代表，人大代表参与国家权力机关的工作，并反映人民群众的意见和要求；另一方面，有关国家机关在其立法和政策制定等活动中，采取各种有效措施，广泛听取人民群众的意见。

老年人作为人民群众的重要组成部分，当然享有通过各种途径参与立法、政策制定等活动的权利，特别是在涉及老年人权益的重大问题上。基于此，本条规定制定法律、法规、规章和公共政策，涉及老年人权益重大问题的，应当听取老年人及老年人组织的意见。除此之外，为维护自身合法权益，老年人及老年人组织当然也有权主动向国家机关提出老年人权益保障、老龄事业发展等方面的意见和建议。

第六十九条　【对老年人参与社会活动的支持和保障】国家为老年人参与社会发展创造条件。根据社会需要和可能，鼓励老年人在自愿和量力的情况下，从事下列活动：

（一）对青少年和儿童进行社会主义、爱国主义、集体主义和艰苦奋斗等优良传统教育；

（二）传授文化和科技知识；
（三）提供咨询服务；
（四）依法参与科技开发和应用；
（五）依法从事经营和生产活动；
（六）参加志愿服务、兴办社会公益事业；
（七）参与维护社会治安、协助调解民间纠纷；
（八）参加其他社会活动。

第七十条　【参加劳动】老年人参加劳动的合法收入受法律保护。

任何单位和个人不得安排老年人从事危害其身心健康的劳动或者危险作业。

条文注释

本条是关于老年人参加劳动及合法收入受法律保护的规定。

劳动不仅是公民获得财富最基本的途径，而且是公民实现自我价值和自我完善的基本方式。根据《宪法》的规定，中华人民共和国公民有劳动的权利和义务。老年人虽然已经退出原来的工作岗位，但劳动权利并没有因此丧失，老年人仍有继续参加劳动的权利，有继续参与社会发展的权利。老年人参加力所能及的劳动，在退休之后继续参与社会发展，也是国家鼓励和支持的。

为此，本条规定老年人因参加劳动获得的合法收入为其个人合法财产，受法律保护，任何人不得侵犯。并且，老年人参加劳动所获得的收入应与其付出的劳动贡献相匹配，不得因老年人已退休而差别对待。

关联法规

《宪法》第42条
《劳动法》
《劳动合同法》

第七十一条 【老年人教育】老年人有继续受教育的权利。

国家发展老年教育,把老年教育纳入终身教育体系,鼓励社会办好各类老年学校。

各级人民政府对老年教育应当加强领导,统一规划,加大投入。

条文注释

本条是关于老年人继续受教育权的规定。

本条第1款规定,老年人有继续受教育的权利。受教育权是公民接受文化、科学等方面教育训练的权利,包括公民按照其能力平等地享有受教育的权利和要求国家提供教育机会的权利。公民的受教育权是公民生存和社会发展的基础,国家必须为公民接受教育创造必要的条件并提供必要的物质帮助。作为我国公民的老年人依旧享有受教育权,该权利不因为年老而丧失。

本条第2款是关于老年教育的规定。在我国,所谓老年教育,是指对60周岁及以上的老年人进行有目的、有计划、有组织的教育活动。其目的是提高老年人思想道德和科学文化素质。

关联法规

《宪法》第46条第1款

《关于进一步加强老年人优待工作的意见》二、(五)32

第七十二条 【老年人文化生活】国家和社会采取措施,开展适合老年人的群众性文化、体育、娱乐活动,丰富老年人的精神文化生活。

第八章　法律责任

第七十三条　【侵权救济】老年人合法权益受到侵害的，被侵害人或者其代理人有权要求有关部门处理，或者依法向人民法院提起诉讼。

人民法院和有关部门，对侵犯老年人合法权益的申诉、控告和检举，应当依法及时受理，不得推诿、拖延。

条文注释

本条是关于老年人合法权益受侵害如何救济的一般规定。

根据本条规定，有侵犯老年人合法权益的，如侵犯生命权、健康权、名誉权、婚姻自主权、物权、继承权等人身、财产权益，以及本法规定的获得物质帮助权、享受社会服务权、享受社会优待权及参与社会发展权等权利的，老年人作为受害人有权要求或通过代理人要求有关部门处理，符合起诉条件的可依法向人民法院提起行政诉讼、民事诉讼及刑事诉讼。老年人应善于依法维护自身合法权益，当自身的合法权益受到侵害时，要积极向有关部门投诉，要求有关部门依法处理，或者向人民法院起诉，用法律的武器维护自身的合法权益。考虑到年老体弱等因素削弱了老年人的维权能力，本条第2款明确要求人民法院和有关部门，对侵犯老年人合法权益的申诉、控告和检举，应当依法及时受理，不得推诿、拖延。

第七十四条　【不作为或失职的法律责任】不履行保护老年人合法权益职责的部门或者组织，其上级主管部门应当给予批评教育，责令改正。

国家工作人员违法失职，致使老年人合法权益受到损害的，由其所在单位或者上级机关责令改正，或者依法给予处分；构成犯罪的，依法追究刑事责任。

第七十五条　【家庭纠纷处理】老年人与家庭成员因赡养、扶养或者住房、财产等发生纠纷，可以申请人民调解委员会或者其他有关组织进行调解，也可以直接向人民法院提起诉讼。

人民调解委员会或者其他有关组织调解前款纠纷时，应当通过说服、疏导等方式化解矛盾和纠纷；对有过错的家庭成员，应当给予批评教育。

人民法院对老年人追索赡养费或者扶养费的申请，可以依法裁定先予执行。

条文注释

本条是关于解决老年人家庭民事纠纷的规定。

根据本条第1款的规定，老年人与家庭成员之间关于赡养、扶养、住房、财产等民事纠纷的解决途径主要有两种，即申请调解和提起诉讼。

所谓调解，是指双方当事人以外的第三者，以国家法律、法规和政策以及社会公德为依据，对纠纷双方进行疏导、劝说，促使他们相互谅解，进行协商，自愿达成协议，解决纠纷的活动。考虑到老年人与家庭成员之间的亲属关系，调解应作为解决老年人家庭纠纷的重要方式，故本条第2款要求人民调解委员会或其他有关组织在调解此类纠纷时，应当通过说服、疏导等方式来化解矛盾和纠纷；对有过错的家庭成员给予批评教育。

当然，老年人在解决与家庭成员之间的纠纷时也可以不通过调解，直接向人民法院起诉，或者是调解后另行起诉以维护自身合法权益。值得一提的是，在民事诉讼中，考虑到一些老年人对赡养费或扶养费的急切需求，本条第3款规定，人民法院对老年人提出的追索赡养费、扶养费案件，根据老年人申请，可以裁定先予执行，即裁定义务人预先履行将来生效判决中判定给付赡养费、扶养费的义务。

关联法规

《民事诉讼法》第106条

《人民调解法》

第七十六条　【干涉婚姻自由，拒不履行赡养、扶养义务，虐待或实施家庭暴力的法律责任】干涉老年人婚姻自由，对老年人负有赡养义务、扶养义务而拒绝赡养、扶养，虐待老年人或者对老年人实施家庭暴力的，由有关单位给予批评教育；构成违反治安管理行为的，依法给予治安管理处罚；构成犯罪的，依法追究刑事责任。

条文注释

本条是关于干涉老年人婚姻自由，拒绝赡养、扶养老年人，对老年人实施家庭暴力的法律责任的规定。

根据本条的规定，干涉老年人婚姻自由，对老年人负有赡养义务、扶养义务而拒绝赡养、扶养，对老年人实施家庭暴力的，由有关单位给予批评教育，这里的"有关单位"指的是老年人组织、基层群众性自治组织及行为人所在单位。如果上述行为构成违反治安管理行为的，则依法给予治安管理处罚；情节严重，构成犯罪的，应依法追究刑事责任。

关联法规

《治安管理处罚法》第45条

《刑法》第234条、第257条、第261条

第七十七条　【侵犯老年人财产权益的法律责任】家庭成员盗窃、诈骗、抢夺、侵占、勒索、故意损毁老年人财物，构成违反治安管理行为的，依法给予治安管理处罚；构成犯罪的，依法追究刑事责任。

条文注释

本条是关于家庭成员侵犯老年人财产权益的法律责任的规定。

家庭成员盗窃、诈骗、抢夺、侵占、勒索、故意损毁老年人财物，构成违反治安管理行为的，依法给予治安管理处罚。根据《治安管理处罚法》的规定，盗窃、诈骗、哄抢、抢夺、敲诈勒索或者故意损毁公私财物的，处 5 日以上 10 日以下拘留，可以并处 500 元以下罚款；情节较重的，处 10 日以上 15 日以下拘留，可以并处 1000 元以下罚款。

如果家庭成员的上述行为情节严重，则可能触犯《刑法》中的盗窃罪、诈骗罪、抢夺罪、侵占罪、敲诈勒索罪、故意毁坏财物罪，应依法追究刑事责任。

关联法规

《治安管理处罚法》第 49 条

《刑法》第 264 条、第 266 条、第 267 条、第 270 条、第 274 条、第 275 条

第七十八条　【侮辱、诽谤老年人的法律责任】侮辱、诽谤老年人，构成违反治安管理行为的，依法给予治安管理处罚；构成犯罪的，依法追究刑事责任。

条文注释

本条是关于诽谤、侮辱老年人的法律责任的规定。

诽谤，是指故意捏造并散布虚构的事实，贬损他人人格，破坏他人名誉，情节严重的行为。侮辱，是指使用暴力或者以其他方法，公然贬损他人人格，破坏他人名誉，情节严重的行为。

老年人享有名誉权、荣誉权等人格权，不得诽谤、侮辱。以暴力或者其他方法公然侮辱老年人、捏造事实诽谤老年人，依照《治安管理处罚法》的有关规定，情节较轻的处 5 日以下拘留或者 500 元以下罚款；情节较重的，处 5 日以上 10 日以下拘留，可以并处 500 元以下罚款。构成犯罪的，依法追究侮辱罪、诽谤罪的刑事责任。

另外，根据《民法典》的规定，人格权受到侵害的，受害人有权依照相关法律的规定请求行为人承担民事责任。

关联法规

《治安管理处罚法》第 42 条

《刑法》第 246 条

《民法典》第 989～1001 条、第 1024～1031 条

第七十九条　【养老机构及其工作人员侵害老年人人身、财产权益的法律责任】养老机构及其工作人员侵害老年人人身和财产权益，或者未按照约定提供服务的，依法承担民事责任；有关主管部门依法给予行政处罚；构成犯罪的，依法追究刑事责任。

关联法规

《养老机构管理办法》第 46 条

第八十条　【渎职行为的法律责任】对养老机构负有管理和监督职责的部门及其工作人员滥用职权、玩忽职守、徇私舞弊的，对直接负责的主管人员和其他直接责任人员依法给予处分；构成犯罪的，依法追究刑事责任。

关联法规

《养老机构管理办法》第 47 条

第八十一条　【不履行优待老年人义务的处理】不按规定履行优待老年人义务的，由有关主管部门责令改正。

第八十二条　【工程设施不符合规定的法律责任】涉及老年人的工程不符合国家规定的标准或者无障碍设施所有人、管理人未尽到维护和管理职责的，由有关主管部门责令改正；造

成损害的，依法承担民事责任；对有关单位、个人依法给予行政处罚；构成犯罪的，依法追究刑事责任。

条文注释

本条是关于涉及老年人工程、设施建设不符合国家规定的标准等的法律责任的规定。

本法第六章就老年人宜居环境作出了规定。为让老年人能在安全、便利和舒适的环境中"老有所居"，国家制定了《老年人照料设施建筑设计标准》《社区老年人日间照料中心建设标准》等标准，并严格监管。

对于违反这些工程建设标准及本法第64条第3款规定的无障碍设施所有人和管理人义务，尚未造成侵害后果的，由有关主管部门责令改正。如果因此造成损害后果的，视情节轻重给予行政处罚或刑事处罚。当然，违法行为给老年人造成民事侵权损害的，行为人应依法承担民事侵权责任，且不受行为人应承担的行政责任或刑事责任的影响。并且，因同一行为应当承担侵权责任和行政责任或刑事责任，侵权人的财产不足以支付的，先承担侵权责任。

关联法规

《民法典》第187条

《无障碍环境建设条例》第31条、第33条、第34条

第九章　附　　则

第八十三条　【变通或补充规定制度】民族自治地方的人民代表大会，可以根据本法的原则，结合当地民族风俗习惯的具体情况，依照法定程序制定变通的或者补充的规定。

条文注释

本条是关于民族自治地方可根据本法原则进行变通规定或补

充规定的规定。

根据《宪法》和《民族区域自治法》的规定,民族自治地方拥有广泛的自治权,其中就包括制定自治条例和单行条例。

根据《立法法》的规定,自治条例和单行条例可以依照当地民族的特点,对法律和行政法规的规定作出变通规定,但不得违背法律或者行政法规的基本原则,不得对《宪法》和《民族区域自治法》的规定以及其他有关法律、行政法规专门就民族自治地方所作的规定作出变通规定。

关联法规

《宪法》第 4 条第 3 款、第 115 条、第 116 条

《立法法》第 75 条

《民族区域自治法》

第八十四条　【溯及效力】本法施行前设立的养老机构不符合本法规定条件的,应当限期整改。具体办法由国务院民政部门制定。

第八十五条　【施行日期】本法自 2013 年 7 月 1 日起施行。

附录

中华人民共和国民法典(节录)

(2020 年 5 月 28 日第十三届全国人民
代表大会第三次会议通过)

第一编　总　　则

第二章　自　然　人

第一节　民事权利能力和民事行为能力

第十三条　【自然人民事权利能力的起止】自然人从出生时起到死亡时止,具有民事权利能力,依法享有民事权利,承担民事义务。

第十四条　【自然人民事权利能力平等】自然人的民事权利能力一律平等。

第十五条　【自然人出生和死亡时间的判断标准】自然人的出生时间和死亡时间,以出生证明、死亡证明记载的时间为准;没有出生证明、死亡证明的,以户籍登记或者其他有效身份登记记载的时间为准。有其他证据足以推翻以上记载时间的,以该证据证明的时间为准。

第十六条　【胎儿利益的特殊保护】涉及遗产继承、接受赠与等胎儿利益保护的,胎儿视为具有民事权利能力。但是,胎儿娩出时为死体的,其民事权利能力自始不存在。

第十七条　【成年人与未成年人的年龄标准】十八周岁以上的自然人为成年人。不满十八周岁的自然人为未成年人。

第十八条　【完全民事行为能力人】成年人为完全民事行为能力人,可以独立实施民事法律行为。

十六周岁以上的未成年人,以自己的劳动收入为主要生活来源的,视为完全民事行为能力人。

第十九条　【限制民事行为能力的未成年人】八周岁以上的未成年人为限制民事行为能力人,实施民事法律行为由其法定代理人代理或者经其法定代理人同意、追认;但是,可以独立实施纯获利益的民事法律行为或者与其年龄、智力相适应的民事法律行为。

第二十条　【无民事行为能力的未成年人】不满八周岁的未成年人为无民事行为能力人,由其法定代理人代理实施民事法律行为。

第二十一条　【无民事行为能力的成年人】不能辨认自己行为的成年人为无民事行为能力人,由其法定代理人代理实施民事法律行为。

八周岁以上的未成年人不能辨认自己行为的,适用前款规定。

第二十二条　【限制民事行为能力的成年人】不能完全辨认自己行为的成年人为限制民事行为能力人,实施民事法律行为由其法定代理人代理或者经其法定代理人同意、追认;但是,可以独立实施纯获利益的民事法律行为或者与其智力、精神健康状况相适应的民事法律行为。

第二十三条　【法定代理人】无民事行为能力人、限制民事行为能力人的监护人是其法定代理人。

第二十四条　【无民事行为能力人或限制民事行为能力人的认定与恢复】不能辨认或者不能完全辨认自己行为的成年人,其利害关系人或者有关组织,可以向人民法院申请认定该成年人为无民事行为能力人或者限制民事行为能力人。

被人民法院认定为无民事行为能力人或者限制民事行为能力人的,经本人、利害关系人或者有关组织申请,人民法院可以根据其智力、精神健康恢复的状况,认定该成年人恢复为限制民事行为能力人或者完全民事行为能力人。

本条规定的有关组织包括:居民委员会、村民委员会、学校、医疗机构、妇女联合会、残疾人联合会、依法设立的老年人组织、民政部门等。

第二十五条　【自然人的住所】自然人以户籍登记或者其他有效身份登记记载的居所为住所;经常居所与住所不一致的,经常居所视为住所。

第二节　监　　护

第二十六条　【父母子女之间的法律义务】父母对未成年子女负有抚养、教育和保护的义务。

成年子女对父母负有赡养、扶助和保护的义务。

第二十七条　【未成年人的监护人】父母是未成年子女的监护人。

未成年人的父母已经死亡或者没有监护能力的，由下列有监护能力的人按顺序担任监护人：

（一）祖父母、外祖父母；

（二）兄、姐；

（三）其他愿意担任监护人的个人或者组织，但是须经未成年人住所地的居民委员会、村民委员会或者民政部门同意。

第二十八条　【无、限制民事行为能力的成年人的监护人】无民事行为能力或者限制民事行为能力的成年人，由下列有监护能力的人按顺序担任监护人：

（一）配偶；

（二）父母、子女；

（三）其他近亲属；

（四）其他愿意担任监护人的个人或者组织，但是须经被监护人住所地的居民委员会、村民委员会或者民政部门同意。

第二十九条　【遗嘱指定监护人】被监护人的父母担任监护人的，可以通过遗嘱指定监护人。

第三十条　【协议确定监护人】依法具有监护资格的人之间可以协议确定监护人。协议确定监护人应当尊重被监护人的真实意愿。

第三十一条　【监护争议解决程序】对监护人的确定有争议的，由被监护人住所地的居民委员会、村民委员会或者民政部门指定监护人，有关当事人对指定不服的，可以向人民法院申请指定监护人；有关当事人也可以直接向人民法院申请指定监护人。

居民委员会、村民委员会、民政部门或者人民法院应当尊重被监护人的真实意愿，按照最有利于被监护人的原则在依法具有监护资格的人中指定监护人。

依据本条第一款规定指定监护人前,被监护人的人身权利、财产权利以及其他合法权益处于无人保护状态的,由被监护人住所地的居民委员会、村民委员会、法律规定的有关组织或者民政部门担任临时监护人。

监护人被指定后,不得擅自变更;擅自变更的,不免除被指定的监护人的责任。

第三十二条　【公职监护人】没有依法具有监护资格的人的,监护人由民政部门担任,也可以由具备履行监护职责条件的被监护人住所地的居民委员会、村民委员会担任。

第三十三条　【意定监护】具有完全民事行为能力的成年人,可以与其近亲属、其他愿意担任监护人的个人或者组织事先协商,以书面形式确定自己的监护人,在自己丧失或者部分丧失民事行为能力时,由该监护人履行监护职责。

第三十四条　【监护人的职责与权利及临时生活照料措施】监护人的职责是代理被监护人实施民事法律行为,保护被监护人的人身权利、财产权利以及其他合法权益等。

监护人依法履行监护职责产生的权利,受法律保护。

监护人不履行监护职责或者侵害被监护人合法权益的,应当承担法律责任。

因发生突发事件等紧急情况,监护人暂时无法履行监护职责,被监护人的生活处于无人照料状态的,被监护人住所地的居民委员会、村民委员会或者民政部门应当为被监护人安排必要的临时生活照料措施。

第三十五条　【监护人履行职责的原则与要求】监护人应当按照最有利于被监护人的原则履行监护职责。监护人除为维护被监护人利益外,不得处分被监护人的财产。

未成年人的监护人履行监护职责,在作出与被监护人利益有关的决定时,应当根据被监护人的年龄和智力状况,尊重被监护人的真实意愿。

成年人的监护人履行监护职责,应当最大程度地尊重被监护人的真实意愿,保障并协助被监护人实施与其智力、精神健康状况相适应的民事法律行为。对被监护人有能力独立处理的事务,监护人不得干涉。

第三十六条　【撤销监护人资格】监护人有下列情形之一的,人民法院根据有关个人或者组织的申请，撤销其监护人资格，安排必要的临时监护措施，并按照最有利于被监护人的原则依法指定监护人：

（一）实施严重损害被监护人身心健康的行为；

（二）怠于履行监护职责，或者无法履行监护职责且拒绝将监护职责部分或者全部委托给他人，导致被监护人处于危困状态；

（三）实施严重侵害被监护人合法权益的其他行为。

本条规定的有关个人、组织包括：其他依法具有监护资格的人，居民委员会、村民委员会、学校、医疗机构、妇女联合会、残疾人联合会、未成年人保护组织、依法设立的老年人组织、民政部门等。

前款规定的个人和民政部门以外的组织未及时向人民法院申请撤销监护人资格的，民政部门应当向人民法院申请。

第三十七条 【监护人资格被撤销后负担义务不免除】依法负担被监护人抚养费、赡养费、扶养费的父母、子女、配偶等，被人民法院撤销监护人资格后，应当继续履行负担的义务。

第三十八条 【恢复监护人资格】被监护人的父母或者子女被人民法院撤销监护人资格后，除对被监护人实施故意犯罪的外，确有悔改表现的，经其申请，人民法院可以在尊重被监护人真实意愿的前提下，视情况恢复其监护人资格，人民法院指定的监护人与被监护人的监护关系同时终止。

第三十九条 【监护关系终止的情形】有下列情形之一的，监护关系终止：

（一）被监护人取得或者恢复完全民事行为能力；

（二）监护人丧失监护能力；

（三）被监护人或者监护人死亡；

（四）人民法院认定监护关系终止的其他情形。

监护关系终止后，被监护人仍然需要监护的，应当依法另行确定监护人。

第三节 宣告失踪和宣告死亡

第四十条 【宣告失踪的条件】自然人下落不明满二年的，利害关系人可以向人民法院申请宣告该自然人为失踪人。

第四十一条 【下落不明的时间计算】自然人下落不明的时间自其失去

音讯之日起计算。战争期间下落不明的,下落不明的时间自战争结束之日或者有关机关确定的下落不明之日起计算。

第四十二条 【失踪人的财产代管人】失踪人的财产由其配偶、成年子女、父母或者其他愿意担任财产代管人的人代管。

代管有争议,没有前款规定的人,或者前款规定的人无代管能力的,由人民法院指定的人代管。

第四十三条 【财产代管人的职责】财产代管人应当妥善管理失踪人的财产,维护其财产权益。

失踪人所欠税款、债务和应付的其他费用,由财产代管人从失踪人的财产中支付。

财产代管人因故意或者重大过失造成失踪人财产损失的,应当承担赔偿责任。

第四十四条 【财产代管人的变更】财产代管人不履行代管职责、侵害失踪人财产权益或者丧失代管能力的,失踪人的利害关系人可以向人民法院申请变更财产代管人。

财产代管人有正当理由的,可以向人民法院申请变更财产代管人。

人民法院变更财产代管人的,变更后的财产代管人有权请求原财产代管人及时移交有关财产并报告财产代管情况。

第四十五条 【失踪宣告的撤销】失踪人重新出现,经本人或者利害关系人申请,人民法院应当撤销失踪宣告。

失踪人重新出现,有权请求财产代管人及时移交有关财产并报告财产代管情况。

第四十六条 【宣告死亡的条件】自然人有下列情形之一的,利害关系人可以向人民法院申请宣告该自然人死亡:

(一)下落不明满四年;

(二)因意外事件,下落不明满二年。

因意外事件下落不明,经有关机关证明该自然人不可能生存的,申请宣告死亡不受二年时间的限制。

第四十七条 【宣告死亡的优先适用】对同一自然人,有的利害关系人申请宣告死亡,有的利害关系人申请宣告失踪,符合本法规定的宣告死亡条件的,人民法院应当宣告死亡。

第四十八条 【被宣告死亡的人死亡日期的确定】被宣告死亡的人，人民法院宣告死亡的判决作出之日视为其死亡的日期；因意外事件下落不明宣告死亡的，意外事件发生之日视为其死亡的日期。

第四十九条 【被宣告死亡期间的民事法律行为效力】自然人被宣告死亡但是并未死亡的，不影响该自然人在被宣告死亡期间实施的民事法律行为的效力。

第五十条 【死亡宣告的撤销】被宣告死亡的人重新出现，经本人或者利害关系人申请，人民法院应当撤销死亡宣告。

第五十一条 【宣告死亡、撤销死亡宣告对婚姻关系的影响】被宣告死亡的人的婚姻关系，自死亡宣告之日起消除。死亡宣告被撤销的，婚姻关系自撤销死亡宣告之日起自行恢复。但是，其配偶再婚或者向婚姻登记机关书面声明不愿意恢复的除外。

第五十二条 【撤销死亡宣告对收养关系的影响】被宣告死亡的人在被宣告死亡期间，其子女被他人依法收养的，在死亡宣告被撤销后，不得以未经本人同意为由主张收养行为无效。

第五十三条 【死亡宣告撤销后的财产返还】被撤销死亡宣告的人有权请求依照本法第六编取得其财产的民事主体返还财产；无法返还的，应当给予适当补偿。

利害关系人隐瞒真实情况，致使他人被宣告死亡而取得其财产的，除应当返还财产外，还应当对由此造成的损失承担赔偿责任。

第四节 个体工商户和农村承包经营户

第五十四条 【个体工商户的定义】自然人从事工商业经营，经依法登记，为个体工商户。个体工商户可以起字号。

第五十五条 【农村承包经营户的定义】农村集体经济组织的成员，依法取得农村土地承包经营权，从事家庭承包经营的，为农村承包经营户。

第五十六条 【债务承担规则】个体工商户的债务，个人经营的，以个人财产承担；家庭经营的，以家庭财产承担；无法区分的，以家庭财产承担。

农村承包经营户的债务，以从事农村土地承包经营的农户财产承担；事实上由农户部分成员经营的，以该部分成员的财产承担。

第五章　民事权利

第一百零九条　【人身自由、人格尊严受法律保护】自然人的人身自由、人格尊严受法律保护。

第一百一十条　【民事主体的人格权】自然人享有生命权、身体权、健康权、姓名权、肖像权、名誉权、荣誉权、隐私权、婚姻自主权等权利。

法人、非法人组织享有名称权、名誉权和荣誉权。

第一百一十一条　【个人信息受法律保护】自然人的个人信息受法律保护。任何组织或者个人需要获取他人个人信息的,应当依法取得并确保信息安全,不得非法收集、使用、加工、传输他人个人信息,不得非法买卖、提供或者公开他人个人信息。

第一百一十二条　【因婚姻、家庭关系等产生的人身权利受保护】自然人因婚姻家庭关系等产生的人身权利受法律保护。

第一百一十三条　【财产权利平等保护】民事主体的财产权利受法律平等保护。

第一百一十四条　【物权的定义及类型】民事主体依法享有物权。

物权是权利人依法对特定的物享有直接支配和排他的权利,包括所有权、用益物权和担保物权。

第一百一十五条　【物权客体】物包括不动产和动产。法律规定权利作为物权客体的,依照其规定。

第一百一十六条　【物权法定原则】物权的种类和内容,由法律规定。

第一百一十七条　【征收、征用】为了公共利益的需要,依照法律规定的权限和程序征收、征用不动产或者动产的,应当给予公平、合理的补偿。

第一百一十八条　【债权的定义】民事主体依法享有债权。

债权是因合同、侵权行为、无因管理、不当得利以及法律的其他规定,权利人请求特定义务人为或者不为一定行为的权利。

第一百一十九条　【合同的约束力】依法成立的合同,对当事人具有法律约束力。

第一百二十条　【侵权责任的承担】民事权益受到侵害的,被侵权人有权请求侵权人承担侵权责任。

第一百二十一条　【无因管理】没有法定的或者约定的义务，为避免他人利益受损失而进行管理的人，有权请求受益人偿还由此支出的必要费用。

第一百二十二条　【不当得利】因他人没有法律根据，取得不当利益，受损失的人有权请求其返还不当利益。

第一百二十三条　【知识产权的定义】民事主体依法享有知识产权。

知识产权是权利人依法就下列客体享有的专有的权利：

（一）作品；

（二）发明、实用新型、外观设计；

（三）商标；

（四）地理标志；

（五）商业秘密；

（六）集成电路布图设计；

（七）植物新品种；

（八）法律规定的其他客体。

第一百二十四条　【继承权】自然人依法享有继承权。

自然人合法的私有财产，可以依法继承。

第一百二十五条　【投资性权利】民事主体依法享有股权和其他投资性权利。

第一百二十六条　【其他民事权益】民事主体享有法律规定的其他民事权利和利益。

第一百二十七条　【数据、网络虚拟财产的保护】法律对数据、网络虚拟财产的保护有规定的，依照其规定。

第一百二十八条　【民事权利的特别保护】法律对未成年人、老年人、残疾人、妇女、消费者等的民事权利保护有特别规定的，依照其规定。

第一百二十九条　【民事权利的取得方式】民事权利可以依据民事法律行为、事实行为、法律规定的事件或者法律规定的其他方式取得。

第一百三十条　【按照自己的意愿依法行使民事权利】民事主体按照自己的意愿依法行使民事权利，不受干涉。

第一百三十一条　【权利义务一致】民事主体行使权利时，应当履行法律规定的和当事人约定的义务。

第一百三十二条　【不得滥用民事权利】民事主体不得滥用民事权利损

害国家利益、社会公共利益或者他人合法权益。

第六章 民事法律行为

第一节 一般规定

第一百三十三条 【民事法律行为的定义】民事法律行为是民事主体通过意思表示设立、变更、终止民事法律关系的行为。

第一百三十四条 【民事法律行为的成立】民事法律行为可以基于双方或者多方的意思表示一致成立,也可以基于单方的意思表示成立。

法人、非法人组织依照法律或者章程规定的议事方式和表决程序作出决议的,该决议行为成立。

第一百三十五条 【民事法律行为的形式】民事法律行为可以采用书面形式、口头形式或者其他形式;法律、行政法规规定或者当事人约定采用特定形式的,应当采用特定形式。

第一百三十六条 【民事法律行为的生效时间】民事法律行为自成立时生效,但是法律另有规定或者当事人另有约定的除外。

行为人非依法律规定或者未经对方同意,不得擅自变更或者解除民事法律行为。

第二节 意思表示

第一百三十七条 【有相对人的意思表示生效时间】以对话方式作出的意思表示,相对人知道其内容时生效。

以非对话方式作出的意思表示,到达相对人时生效。以非对话方式作出的采用数据电文形式的意思表示,相对人指定特定系统接收数据电文的,该数据电文进入该特定系统时生效;未指定特定系统的,相对人知道或者应当知道该数据电文进入其系统时生效。当事人对采用数据电文形式的意思表示的生效时间另有约定的,按照其约定。

第一百三十八条 【无相对人的意思表示生效时间】无相对人的意思表

示，表示完成时生效。法律另有规定的，依照其规定。

第一百三十九条 【以公告方式作出的意思表示生效时间】以公告方式作出的意思表示，公告发布时生效。

第一百四十条 【意思表示的作出方式】行为人可以明示或者默示作出意思表示。

沉默只有在有法律规定、当事人约定或者符合当事人之间的交易习惯时，才可以视为意思表示。

第一百四十一条 【意思表示的撤回】行为人可以撤回意思表示。撤回意思表示的通知应当在意思表示到达相对人前或者与意思表示同时到达相对人。

第一百四十二条 【意思表示的解释】有相对人的意思表示的解释，应当按照所使用的词句，结合相关条款、行为的性质和目的、习惯以及诚信原则，确定意思表示的含义。

无相对人的意思表示的解释，不能完全拘泥于所使用的词句，而应当结合相关条款、行为的性质和目的、习惯以及诚信原则，确定行为人的真实意思。

第三节 民事法律行为的效力

第一百四十三条 【民事法律行为有效的条件】具备下列条件的民事法律行为有效：

（一）行为人具有相应的民事行为能力；

（二）意思表示真实；

（三）不违反法律、行政法规的强制性规定，不违背公序良俗。

第一百四十四条 【无民事行为能力人实施的民事法律行为的效力】无民事行为能力人实施的民事法律行为无效。

第一百四十五条 【限制民事行为能力人实施的民事法律行为的效力】限制民事行为能力人实施的纯获利益的民事法律行为或者与其年龄、智力、精神健康状况相适应的民事法律行为有效；实施的其他民事法律行为经法定代理人同意或者追认后有效。

相对人可以催告法定代理人自收到通知之日起三十日内予以追认。法定代理人未作表示的,视为拒绝追认。民事法律行为被追认前,善意相对人有撤销的权利。撤销应当以通知的方式作出。

第一百四十六条 【虚假表示与隐藏行为的效力】行为人与相对人以虚假的意思表示实施的民事法律行为无效。

以虚假的意思表示隐藏的民事法律行为的效力,依照有关法律规定处理。

第一百四十七条 【基于重大误解实施的民事法律行为的效力】基于重大误解实施的民事法律行为,行为人有权请求人民法院或者仲裁机构予以撤销。

第一百四十八条 【以欺诈手段实施的民事法律行为的效力】一方以欺诈手段,使对方在违背真实意思的情况下实施的民事法律行为,受欺诈方有权请求人民法院或者仲裁机构予以撤销。

第一百四十九条 【受第三人欺诈的民事法律行为的效力】第三人实施欺诈行为,使一方在违背真实意思的情况下实施的民事法律行为,对方知道或者应当知道该欺诈行为的,受欺诈方有权请求人民法院或者仲裁机构予以撤销。

第一百五十条 【以胁迫手段实施的民事法律行为的效力】一方或者第三人以胁迫手段,使对方在违背真实意思的情况下实施的民事法律行为,受胁迫方有权请求人民法院或者仲裁机构予以撤销。

第一百五十一条 【显失公平的民事法律行为的效力】一方利用对方处于危困状态、缺乏判断能力等情形,致使民事法律行为成立时显失公平的,受损害方有权请求人民法院或者仲裁机构予以撤销。

第一百五十二条 【撤销权的消灭】有下列情形之一的,撤销权消灭:

(一)当事人自知道或者应当知道撤销事由之日起一年内、重大误解的当事人自知道或者应当知道撤销事由之日起九十日内没有行使撤销权;

(二)当事人受胁迫,自胁迫行为终止之日起一年内没有行使撤销权;

(三)当事人知道撤销事由后明确表示或者以自己的行为表明放弃撤销权。

当事人自民事法律行为发生之日起五年内没有行使撤销权的,撤销权消灭。

第一百五十三条 【违反强制性规定及违背公序良俗的民事法律行为

的效力】违反法律、行政法规的强制性规定的民事法律行为无效。但是,该强制性规定不导致该民事法律行为无效的除外。

违背公序良俗的民事法律行为无效。

第一百五十四条 【恶意串通的民事法律行为的效力】行为人与相对人恶意串通,损害他人合法权益的民事法律行为无效。

第一百五十五条 【无效、被撤销的民事法律行为自始无效】无效的或者被撤销的民事法律行为自始没有法律约束力。

第一百五十六条 【民事法律行为部分无效】民事法律行为部分无效,不影响其他部分效力的,其他部分仍然有效。

第一百五十七条 【民事法律行为无效、被撤销或确定不发生效力的法律后果】民事法律行为无效、被撤销或者确定不发生效力后,行为人因该行为取得的财产,应当予以返还;不能返还或者没有必要返还的,应当折价补偿。有过错的一方应当赔偿对方由此所受到的损失;各方都有过错的,应当各自承担相应的责任。法律另有规定的,依照其规定。

第四节 民事法律行为的附条件和附期限

第一百五十八条 【附条件的民事法律行为】民事法律行为可以附条件,但是根据其性质不得附条件的除外。附生效条件的民事法律行为,自条件成就时生效。附解除条件的民事法律行为,自条件成就时失效。

第一百五十九条 【条件成就和不成就的拟制】附条件的民事法律行为,当事人为自己的利益不正当地阻止条件成就的,视为条件已经成就;不正当地促成条件成就的,视为条件不成就。

第一百六十条 【附期限的民事法律行为】民事法律行为可以附期限,但是根据其性质不得附期限的除外。附生效期限的民事法律行为,自期限届至时生效。附终止期限的民事法律行为,自期限届满时失效。

第五编 婚姻家庭

第一章 一般规定

第一千零四十条 【婚姻家庭编的调整范围】本编调整因婚姻家庭产生的民事关系。

第一千零四十一条 【基本原则】婚姻家庭受国家保护。

实行婚姻自由、一夫一妻、男女平等的婚姻制度。

保护妇女、未成年人、老年人、残疾人的合法权益。

第一千零四十二条 【婚姻家庭的禁止性规定】禁止包办、买卖婚姻和其他干涉婚姻自由的行为。禁止借婚姻索取财物。

禁止重婚。禁止有配偶者与他人同居。

禁止家庭暴力。禁止家庭成员间的虐待和遗弃。

第一千零四十三条 【婚姻家庭的倡导性规定】家庭应当树立优良家风,弘扬家庭美德,重视家庭文明建设。

夫妻应当互相忠实,互相尊重,互相关爱;家庭成员应当敬老爱幼,互相帮助,维护平等、和睦、文明的婚姻家庭关系。

第一千零四十四条 【收养的基本原则】收养应当遵循最有利于被收养人的原则,保障被收养人和收养人的合法权益。

禁止借收养名义买卖未成年人。

第一千零四十五条 【亲属、近亲属及家庭成员】亲属包括配偶、血亲和姻亲。

配偶、父母、子女、兄弟姐妹、祖父母、外祖父母、孙子女、外孙子女为近亲属。

配偶、父母、子女和其他共同生活的近亲属为家庭成员。

第二章 结 婚

第一千零四十六条 【结婚自愿】结婚应当男女双方完全自愿,禁止任何一方对另一方加以强迫，禁止任何组织或者个人加以干涉。

第一千零四十七条 【法定结婚年龄】结婚年龄，男不得早于二十二周岁，女不得早于二十周岁。

第一千零四十八条 【禁止结婚的情形】直系血亲或者三代以内的旁系血亲禁止结婚。

第一千零四十九条 【结婚登记】要求结婚的男女双方应当亲自到婚姻登记机关申请结婚登记。符合本法规定的，予以登记，发给结婚证。完成结婚登记，即确立婚姻关系。未办理结婚登记的，应当补办登记。

第一千零五十条 【婚后双方互为家庭成员】登记结婚后，按照男女双方约定，女方可以成为男方家庭的成员，男方可以成为女方家庭的成员。

第一千零五十一条 【婚姻无效的情形】有下列情形之一的，婚姻无效：

（一）重婚；

（二）有禁止结婚的亲属关系；

（三）未到法定婚龄。

第一千零五十二条 【胁迫婚姻】因胁迫结婚的，受胁迫的一方可以向人民法院请求撤销婚姻。

请求撤销婚姻的，应当自胁迫行为终止之日起一年内提出。

被非法限制人身自由的当事人请求撤销婚姻的，应当自恢复人身自由之日起一年内提出。

第一千零五十三条 【隐瞒疾病的可撤销婚姻】一方患有重大疾病的，应当在结婚登记前如实告知另一方；不如实告知的，另一方可以向人民法院请求撤销婚姻。

请求撤销婚姻的，应当自知道或者应当知道撤销事由之日起一年内提出。

第一千零五十四条 【婚姻无效和被撤销的法律后果】无效的或者被撤销的婚姻自始没有法律约束力，当事人不具有夫妻的权利和义务。同居期间所得的财产，由当事人协议处理；协议不成的，由人民法院根据照顾无过错方的原则判决。对重婚导致的无效婚姻的财产处理，不得侵害合法婚姻当事人的财产权益。当事人所生的子女，适用本法关于父母子女的规定。

婚姻无效或者被撤销的，无过错方有权请求损害赔偿。

第三章　家庭关系

第一节　夫妻关系

第一千零五十五条　【夫妻地位平等】夫妻在婚姻家庭中地位平等。

第一千零五十六条　【夫妻姓名权】夫妻双方都有各自使用自己姓名的权利。

第一千零五十七条　【夫妻参加各种活动的自由】夫妻双方都有参加生产、工作、学习和社会活动的自由,一方不得对另一方加以限制或者干涉。

第一千零五十八条　【夫妻抚养、教育和保护子女的权利义务平等】夫妻双方平等享有对未成年子女抚养、教育和保护的权利,共同承担对未成年子女抚养、教育和保护的义务。

第一千零五十九条　【夫妻相互扶养义务】夫妻有相互扶养的义务。

需要扶养的一方,在另一方不履行扶养义务时,有要求其给付扶养费的权利。

第一千零六十条　【日常家事代理权】夫妻一方因家庭日常生活需要而实施的民事法律行为,对夫妻双方发生效力,但是夫妻一方与相对人另有约定的除外。

夫妻之间对一方可以实施的民事法律行为范围的限制,不得对抗善意相对人。

第一千零六十一条　【夫妻相互继承权】夫妻有相互继承遗产的权利。

第一千零六十二条　【夫妻共同财产】夫妻在婚姻关系存续期间所得的下列财产,为夫妻的共同财产,归夫妻共同所有:

(一)工资、奖金、劳务报酬;

(二)生产、经营、投资的收益;

(三)知识产权的收益;

(四)继承或者受赠的财产,但是本法第一千零六十三条第三项规定的除外;

(五)其他应当归共同所有的财产。

夫妻对共同财产,有平等的处理权。

第一千零六十三条　【夫妻个人财产】下列财产为夫妻一方的个人财产:

(一)一方的婚前财产;

(二)一方因受到人身损害获得的赔偿或者补偿;

(三)遗嘱或者赠与合同中确定只归一方的财产;

(四)一方专用的生活用品;

(五)其他应当归一方的财产。

第一千零六十四条　【夫妻共同债务】夫妻双方共同签名或者夫妻一方事后追认等共同意思表示所负的债务,以及夫妻一方在婚姻关系存续期间以个人名义为家庭日常生活需要所负的债务,属于夫妻共同债务。

夫妻一方在婚姻关系存续期间以个人名义超出家庭日常生活需要所负的债务,不属于夫妻共同债务;但是,债权人能够证明该债务用于夫妻共同生活、共同生产经营或者基于夫妻双方共同意思表示的除外。

第一千零六十五条　【夫妻约定财产制】男女双方可以约定婚姻关系存续期间所得的财产以及婚前财产归各自所有、共同所有或者部分各自所有、部分共同所有。约定应当采用书面形式。没有约定或者约定不明确的,适用本法第一千零六十二条、第一千零六十三条的规定。

夫妻对婚姻关系存续期间所得的财产以及婚前财产的约定,对双方具有法律约束力。

夫妻对婚姻关系存续期间所得的财产约定归各自所有,夫或者妻一方对外所负的债务,相对人知道该约定的,以夫或者妻一方的个人财产清偿。

第一千零六十六条　【婚姻关系存续期间夫妻共同财产的分割】婚姻关系存续期间,有下列情形之一的,夫妻一方可以向人民法院请求分割共同财产:

(一)一方有隐藏、转移、变卖、毁损、挥霍夫妻共同财产或者伪造夫妻共同债务等严重损害夫妻共同财产利益的行为;

(二)一方负有法定扶养义务的人患重大疾病需要医治,另一方不同意支付相关医疗费用。

第二节　父母子女关系和其他近亲属关系

第一千零六十七条　【父母的抚养义务和子女的赡养义务】父母不履行抚养义务的,未成年子女或者不能独立生活的成年子女,有要求父母给付抚养费的权利。

成年子女不履行赡养义务的,缺乏劳动能力或者生活困难的父母,有要求成年子女给付赡养费的权利。

第一千零六十八条　【父母教育、保护未成年子女的权利义务】父母有教育、保护未成年子女的权利和义务。未成年子女造成他人损害的,父母应当依法承担民事责任。

第一千零六十九条　【子女应尊重父母的婚姻权利】子女应当尊重父母的婚姻权利,不得干涉父母离婚、再婚以及婚后的生活。子女对父母的赡养义务,不因父母的婚姻关系变化而终止。

第一千零七十条　【父母子女相互继承权】父母和子女有相互继承遗产的权利。

第一千零七十一条　【非婚生子女的权利】非婚生子女享有与婚生子女同等的权利,任何组织或者个人不得加以危害和歧视。

不直接抚养非婚生子女的生父或者生母,应当负担未成年子女或者不能独立生活的成年子女的抚养费。

第一千零七十二条　【继父母与继子女间的权利义务关系】继父母与继子女间,不得虐待或者歧视。

继父或者继母和受其抚养教育的继子女间的权利义务关系,适用本法关于父母子女关系的规定。

第一千零七十三条　【亲子关系异议之诉】对亲子关系有异议且有正当理由的,父或者母可以向人民法院提起诉讼,请求确认或者否认亲子关系。

对亲子关系有异议且有正当理由的,成年子女可以向人民法院提起诉讼,请求确认亲子关系。

第一千零七十四条　【祖孙之间的抚养、赡养义务】有负担能力的祖父母、外祖父母,对于父母已经死亡或者父母无力抚养的未成年孙子女、外孙子女,有抚养的义务。

有负担能力的孙子女、外孙子女，对于子女已经死亡或者子女无力赡养的祖父母、外祖父母，有赡养的义务。

第一千零七十五条 【兄弟姐妹间的扶养义务】有负担能力的兄、姐，对于父母已经死亡或者父母无力抚养的未成年弟、妹，有扶养的义务。

由兄、姐扶养长大的有负担能力的弟、妹，对于缺乏劳动能力又缺乏生活来源的兄、姐，有扶养的义务。

第四章 离 婚

第一千零七十六条 【协议离婚】夫妻双方自愿离婚的，应当签订书面离婚协议，并亲自到婚姻登记机关申请离婚登记。

离婚协议应当载明双方自愿离婚的意思表示和对子女抚养、财产以及债务处理等事项协商一致的意见。

第一千零七十七条 【离婚冷静期】自婚姻登记机关收到离婚登记申请之日起三十日内，任何一方不愿意离婚的，可以向婚姻登记机关撤回离婚登记申请。

前款规定期限届满后三十日内，双方应当亲自到婚姻登记机关申请发给离婚证；未申请的，视为撤回离婚登记申请。

第一千零七十八条 【离婚登记】婚姻登记机关查明双方确实是自愿离婚，并已经对子女抚养、财产以及债务处理等事项协商一致的，予以登记，发给离婚证。

第一千零七十九条 【诉讼离婚】夫妻一方要求离婚的，可以由有关组织进行调解或者直接向人民法院提起离婚诉讼。

人民法院审理离婚案件，应当进行调解；如果感情确已破裂，调解无效的，应当准予离婚。

有下列情形之一，调解无效的，应当准予离婚：

（一）重婚或者与他人同居；

（二）实施家庭暴力或者虐待、遗弃家庭成员；

（三）有赌博、吸毒等恶习屡教不改；

（四）因感情不和分居满二年；

（五）其他导致夫妻感情破裂的情形。

一方被宣告失踪,另一方提起离婚诉讼的,应当准予离婚。

经人民法院判决不准离婚后,双方又分居满一年,一方再次提起离婚诉讼的,应当准予离婚。

第一千零八十条　【婚姻关系解除时间】完成离婚登记,或者离婚判决书、调解书生效,即解除婚姻关系。

第一千零八十一条　【军婚的保护】现役军人的配偶要求离婚,应当征得军人同意,但是军人一方有重大过错的除外。

第一千零八十二条　【男方离婚诉权的限制】女方在怀孕期间、分娩后一年内或者终止妊娠后六个月内,男方不得提出离婚;但是,女方提出离婚或者人民法院认为确有必要受理男方离婚请求的除外。

第一千零八十三条　【复婚登记】离婚后,男女双方自愿恢复婚姻关系的,应当到婚姻登记机关重新进行结婚登记。

第一千零八十四条　【离婚后的父母子女关系】父母与子女间的关系,不因父母离婚而消除。离婚后,子女无论由父或者母直接抚养,仍是父母双方的子女。

离婚后,父母对于子女仍有抚养、教育、保护的权利和义务。

离婚后,不满两周岁的子女,以由母亲直接抚养为原则。已满两周岁的子女,父母双方对抚养问题协议不成的,由人民法院根据双方的具体情况,按照最有利于未成年子女的原则判决。子女已满八周岁的,应当尊重其真实意愿。

第一千零八十五条　【离婚后子女抚养费的负担】离婚后,子女由一方直接抚养的,另一方应当负担部分或者全部抚养费。负担费用的多少和期限的长短,由双方协议;协议不成的,由人民法院判决。

前款规定的协议或者判决,不妨碍子女在必要时向父母任何一方提出超过协议或者判决原定数额的合理要求。

第一千零八十六条　【父母的探望权】离婚后,不直接抚养子女的父或者母,有探望子女的权利,另一方有协助的义务。

行使探望权利的方式、时间由当事人协议;协议不成的,由人民法院判决。

父或者母探望子女,不利于子女身心健康的,由人民法院依法中止探望;中止的事由消失后,应当恢复探望。

第一千零八十七条　【离婚时夫妻共同财产的处理】离婚时，夫妻的共同财产由双方协议处理；协议不成的，由人民法院根据财产的具体情况，按照照顾子女、女方和无过错方权益的原则判决。

对夫或者妻在家庭土地承包经营中享有的权益等，应当依法予以保护。

第一千零八十八条　【离婚经济补偿】夫妻一方因抚育子女、照料老年人、协助另一方工作等负担较多义务的，离婚时有权向另一方请求补偿，另一方应当给予补偿。具体办法由双方协议；协议不成的，由人民法院判决。

第一千零八十九条　【离婚时夫妻共同债务清偿】离婚时，夫妻共同债务应当共同偿还。共同财产不足清偿或者财产归各自所有的，由双方协议清偿；协议不成的，由人民法院判决。

第一千零九十条　【离婚经济帮助】离婚时，如果一方生活困难，有负担能力的另一方应当给予适当帮助。具体办法由双方协议；协议不成的，由人民法院判决。

第一千零九十一条　【离婚损害赔偿】有下列情形之一，导致离婚的，无过错方有权请求损害赔偿：

（一）重婚；

（二）与他人同居；

（三）实施家庭暴力；

（四）虐待、遗弃家庭成员；

（五）有其他重大过错。

第一千零九十二条　【一方侵害夫妻共同财产的法律后果】夫妻一方隐藏、转移、变卖、毁损、挥霍夫妻共同财产，或者伪造夫妻共同债务企图侵占另一方财产的，在离婚分割夫妻共同财产时，对该方可以少分或者不分。离婚后，另一方发现有上述行为的，可以向人民法院提起诉讼，请求再次分割夫妻共同财产。

第五章　收　　养

第一节　收养关系的成立

第一千零九十三条　【被收养人的范围】下列未成年人,可以被收养:

(一)丧失父母的孤儿;

(二)查找不到生父母的未成年人;

(三)生父母有特殊困难无力抚养的子女。

第一千零九十四条　【送养人的范围】下列个人、组织可以作送养人:

(一)孤儿的监护人;

(二)儿童福利机构;

(三)有特殊困难无力抚养子女的生父母。

第一千零九十五条　【监护人送养未成年人的特殊规定】未成年人的父母均不具备完全民事行为能力且可能严重危害该未成年人的,该未成年人的监护人可以将其送养。

第一千零九十六条　【监护人送养孤儿的特殊规定】监护人送养孤儿的,应当征得有抚养义务的人同意。有抚养义务的人不同意送养、监护人不愿意继续履行监护职责的,应当依照本法第一编的规定另行确定监护人。

第一千零九十七条　【生父母送养】生父母送养子女,应当双方共同送养。生父母一方不明或者查找不到的,可以单方送养。

第一千零九十八条　【收养人的条件】收养人应当同时具备下列条件:

(一)无子女或者只有一名子女;

(二)有抚养、教育和保护被收养人的能力;

(三)未患有在医学上认为不应当收养子女的疾病;

(四)无不利于被收养人健康成长的违法犯罪记录;

(五)年满三十周岁。

第一千零九十九条　【收养三代以内旁系同辈血亲子女的特殊规定】收养三代以内旁系同辈血亲的子女,可以不受本法第一千零九十三条第三项、第一千零九十四条第三项和第一千一百零二条规定的限制。

华侨收养三代以内旁系同辈血亲的子女,还可以不受本法第一千零九十八条第一项规定的限制。

第一千一百条 【收养子女的人数】无子女的收养人可以收养两名子女;有子女的收养人只能收养一名子女。

收养孤儿、残疾未成年人或者儿童福利机构抚养的查找不到生父母的未成年人,可以不受前款和本法第一千零九十八条第一项规定的限制。

第一千一百零一条 【共同收养】有配偶者收养子女,应当夫妻共同收养。

第一千一百零二条 【无配偶者收养异性子女】无配偶者收养异性子女的,收养人与被收养人的年龄应当相差四十周岁以上。

第一千一百零三条 【继父母收养继子女的特殊规定】继父或者继母经继子女的生父母同意,可以收养继子女,并可以不受本法第一千零九十三条第三项、第一千零九十四条第三项、第一千零九十八条和第一千一百条第一款规定的限制。

第一千一百零四条 【收养、送养自愿】收养人收养与送养人送养,应当双方自愿。收养八周岁以上未成年人的,应当征得被收养人的同意。

第一千一百零五条 【收养登记、收养公告、收养协议、收养公证、收养评估】收养应当向县级以上人民政府民政部门登记。收养关系自登记之日起成立。

收养查找不到生父母的未成年人的,办理登记的民政部门应当在登记前予以公告。

收养关系当事人愿意签订收养协议的,可以签订收养协议。

收养关系当事人各方或者一方要求办理收养公证的,应当办理收养公证。

县级以上人民政府民政部门应当依法进行收养评估。

第一千一百零六条 【被收养人户口登记】收养关系成立后,公安机关应当按照国家有关规定为被收养人办理户口登记。

第一千一百零七条 【抚养】孤儿或者生父母无力抚养的子女,可以由生父母的亲属、朋友抚养;抚养人与被抚养人的关系不适用本章规定。

第一千一百零八条 【抚养优先权】配偶一方死亡,另一方送养未成年子女的,死亡一方的父母有优先抚养的权利。

第一千一百零九条　【涉外收养】外国人依法可以在中华人民共和国收养子女。

外国人在中华人民共和国收养子女,应当经其所在国主管机关依照该国法律审查同意。收养人应当提供由其所在国有权机构出具的有关其年龄、婚姻、职业、财产、健康、有无受过刑事处罚等状况的证明材料,并与送养人签订书面协议,亲自向省、自治区、直辖市人民政府民政部门登记。

前款规定的证明材料应当经收养人所在国外交机关或者外交机关授权的机构认证,并经中华人民共和国驻该国使领馆认证,但是国家另有规定的除外。

第一千一百一十条　【收养保密义务】收养人、送养人要求保守收养秘密的,其他人应当尊重其意愿,不得泄露。

第二节　收养的效力

第一千一百一十一条　【收养效力】自收养关系成立之日起,养父母与养子女间的权利义务关系,适用本法关于父母子女关系的规定;养子女与养父母的近亲属间的权利义务关系,适用本法关于子女与父母的近亲属关系的规定。

养子女与生父母以及其他近亲属间的权利义务关系,因收养关系的成立而消除。

第一千一百一十二条　【养子女的姓氏】养子女可以随养父或者养母的姓氏,经当事人协商一致,也可以保留原姓氏。

第一千一百一十三条　【无效收养行为】有本法第一编关于民事法律行为无效规定情形或者违反本编规定的收养行为无效。

无效的收养行为自始没有法律约束力。

第三节　收养关系的解除

第一千一百一十四条　【当事人协议解除及因违法行为而解除】收养人在被收养人成年以前,不得解除收养关系,但是收养人、送养人双方协议解除的除外。养子女八周岁以上的,应当征得本人同意。

收养人不履行抚养义务,有虐待、遗弃等侵害未成年养子女合法权益行为的,送养人有权要求解除养父母与养子女间的收养关系。送养人、收养人不能达成解除收养关系协议的,可以向人民法院提起诉讼。

第一千一百一十五条 【关系恶化而协议解除】养父母与成年养子女关系恶化、无法共同生活的,可以协议解除收养关系。不能达成协议的,可以向人民法院提起诉讼。

第一千一百一十六条 【解除收养关系登记】当事人协议解除收养关系的,应当到民政部门办理解除收养关系登记。

第一千一百一十七条 【解除收养关系后的身份效力】收养关系解除后,养子女与养父母以及其他近亲属间的权利义务关系即行消除,与生父母以及其他近亲属间的权利义务关系自行恢复。但是,成年养子女与生父母以及其他近亲属间的权利义务关系是否恢复,可以协商确定。

第一千一百一十八条 【解除收养关系后的财产效力】收养关系解除后,经养父母抚养的成年养子女,对缺乏劳动能力又缺乏生活来源的养父母,应当给付生活费。因养子女成年后虐待、遗弃养父母而解除收养关系的,养父母可以要求养子女补偿收养期间支出的抚养费。

生父母要求解除收养关系的,养父母可以要求生父母适当补偿收养期间支出的抚养费;但是,因养父母虐待、遗弃养子女而解除收养关系的除外。

第六编 继 承

第一章 一般规定

第一千一百一十九条 【继承编的调整范围】本编调整因继承产生的民事关系。

第一千一百二十条 【继承权受国家保护】国家保护自然人的继承权。

第一千一百二十一条 【继承开始的时间及死亡先后的推定】继承从被继承人死亡时开始。

相互有继承关系的数人在同一事件中死亡,难以确定死亡时间的,推定没有其他继承人的人先死亡。都有其他继承人,辈份不同的,推定长辈先死亡;辈份相同的,推定同时死亡,相互不发生继承。

第一千一百二十二条　【遗产的定义】遗产是自然人死亡时遗留的个人合法财产。

依照法律规定或者根据其性质不得继承的遗产,不得继承。

第一千一百二十三条　【法定继承、遗嘱继承、遗赠和遗赠扶养协议的效力】继承开始后,按照法定继承办理;有遗嘱的,按照遗嘱继承或者遗赠办理;有遗赠扶养协议的,按照协议办理。

第一千一百二十四条　【继承的接受和放弃】继承开始后,继承人放弃继承的,应当在遗产处理前,以书面形式作出放弃继承的表示;没有表示的,视为接受继承。

受遗赠人应当在知道受遗赠后六十日内,作出接受或者放弃受遗赠的表示;到期没有表示的,视为放弃受遗赠。

第一千一百二十五条　【继承权的丧失和恢复】继承人有下列行为之一的,丧失继承权:

(一)故意杀害被继承人;

(二)为争夺遗产而杀害其他继承人;

(三)遗弃被继承人,或者虐待被继承人情节严重;

(四)伪造、篡改、隐匿或者销毁遗嘱,情节严重;

(五)以欺诈、胁迫手段迫使或者妨碍被继承人设立、变更或者撤回遗嘱,情节严重。

继承人有前款第三项至第五项行为,确有悔改表现,被继承人表示宽恕或者事后在遗嘱中将其列为继承人的,该继承人不丧失继承权。

受遗赠人有本条第一款规定行为的,丧失受遗赠权。

第二章　法定继承

第一千一百二十六条　【男女平等享有继承权】继承权男女平等。

第一千一百二十七条　【法定继承人的范围及继承顺序】遗产按照下列顺序继承:

(一)第一顺序:配偶、子女、父母;

(二)第二顺序:兄弟姐妹、祖父母、外祖父母。

继承开始后,由第一顺序继承人继承,第二顺序继承人不继承;没有第一顺序继承人继承的,由第二顺序继承人继承。

本编所称子女,包括婚生子女、非婚生子女、养子女和有扶养关系的继子女。

本编所称父母,包括生父母、养父母和有扶养关系的继父母。

本编所称兄弟姐妹,包括同父母的兄弟姐妹、同父异母或者同母异父的兄弟姐妹、养兄弟姐妹、有扶养关系的继兄弟姐妹。

第一千一百二十八条 【代位继承】被继承人的子女先于被继承人死亡的,由被继承人的子女的直系晚辈血亲代位继承。

被继承人的兄弟姐妹先于被继承人死亡的,由被继承人的兄弟姐妹的子女代位继承。

代位继承人一般只能继承被代位继承人有权继承的遗产份额。

第一千一百二十九条 【丧偶儿媳、丧偶女婿的继承权】丧偶儿媳对公婆,丧偶女婿对岳父母,尽了主要赡养义务的,作为第一顺序继承人。

第一千一百三十条 【遗产分配的原则】同一顺序继承人继承遗产的份额,一般应当均等。

对生活有特殊困难又缺乏劳动能力的继承人,分配遗产时,应当予以照顾。

对被继承人尽了主要扶养义务或者与被继承人共同生活的继承人,分配遗产时,可以多分。

有扶养能力和有扶养条件的继承人,不尽扶养义务的,分配遗产时,应当不分或者少分。

继承人协商同意的,也可以不均等。

第一千一百三十一条 【酌情分得遗产权】对继承人以外的依靠被继承人扶养的人,或者继承人以外的对被继承人扶养较多的人,可以分给适当的遗产。

第一千一百三十二条 【继承处理方式】继承人应当本着互谅互让、和睦团结的精神,协商处理继承问题。遗产分割的时间、办法和份额,由继承人协商确定;协商不成的,可以由人民调解委员会调解或者向人民法院提起诉讼。

第三章　遗嘱继承和遗赠

第一千一百三十三条　【遗嘱处分个人财产】自然人可以依照本法规定立遗嘱处分个人财产,并可以指定遗嘱执行人。

自然人可以立遗嘱将个人财产指定由法定继承人中的一人或者数人继承。

自然人可以立遗嘱将个人财产赠与国家、集体或者法定继承人以外的组织、个人。

自然人可以依法设立遗嘱信托。

第一千一百三十四条　【自书遗嘱】自书遗嘱由遗嘱人亲笔书写,签名,注明年、月、日。

第一千一百三十五条　【代书遗嘱】代书遗嘱应当有两个以上见证人在场见证,由其中一人代书,并由遗嘱人、代书人和其他见证人签名,注明年、月、日。

第一千一百三十六条　【打印遗嘱】打印遗嘱应当有两个以上见证人在场见证。遗嘱人和见证人应当在遗嘱每一页签名,注明年、月、日。

第一千一百三十七条　【录音录像遗嘱】以录音录像形式立的遗嘱,应当有两个以上见证人在场见证。遗嘱人和见证人应当在录音录像中记录其姓名或者肖像,以及年、月、日。

第一千一百三十八条　【口头遗嘱】遗嘱人在危急情况下,可以立口头遗嘱。口头遗嘱应当有两个以上见证人在场见证。危急情况消除后,遗嘱人能够以书面或者录音录像形式立遗嘱的,所立的口头遗嘱无效。

第一千一百三十九条　【公证遗嘱】公证遗嘱由遗嘱人经公证机构办理。

第一千一百四十条　【遗嘱见证人资格的限制性规定】下列人员不能作为遗嘱见证人:

(一)无民事行为能力人、限制民事行为能力人以及其他不具有见证能力的人;

(二)继承人、受遗赠人;

(三)与继承人、受遗赠人有利害关系的人。

第一千一百四十一条 【必留份】遗嘱应当为缺乏劳动能力又没有生活来源的继承人保留必要的遗产份额。

第一千一百四十二条 【遗嘱的撤回、变更以及遗嘱效力顺位】遗嘱人可以撤回、变更自己所立的遗嘱。

立遗嘱后,遗嘱人实施与遗嘱内容相反的民事法律行为的,视为对遗嘱相关内容的撤回。

立有数份遗嘱,内容相抵触的,以最后的遗嘱为准。

第一千一百四十三条 【遗嘱的实质要件】无民事行为能力人或者限制民事行为能力人所立的遗嘱无效。

遗嘱必须表示遗嘱人的真实意思,受欺诈、胁迫所立的遗嘱无效。

伪造的遗嘱无效。

遗嘱被篡改的,篡改的内容无效。

第一千一百四十四条 【附义务遗嘱】遗嘱继承或者遗赠附有义务的,继承人或者受遗赠人应当履行义务。没有正当理由不履行义务的,经利害关系人或者有关组织请求,人民法院可以取消其接受附义务部分遗产的权利。

第四章 遗产的处理

第一千一百四十五条 【遗产管理人的选任】继承开始后,遗嘱执行人为遗产管理人;没有遗嘱执行人的,继承人应当及时推选遗产管理人;继承人未推选的,由继承人共同担任遗产管理人;没有继承人或者继承人均放弃继承的,由被继承人生前住所地的民政部门或者村民委员会担任遗产管理人。

第一千一百四十六条 【遗产管理人的指定】对遗产管理人的确定有争议的,利害关系人可以向人民法院申请指定遗产管理人。

第一千一百四十七条 【遗产管理人的职责】遗产管理人应当履行下列职责:

(一)清理遗产并制作遗产清单;

(二)向继承人报告遗产情况;

(三)采取必要措施防止遗产毁损、灭失;

(四)处理被继承人的债权债务;

(五)按照遗嘱或者依照法律规定分割遗产;

(六)实施与管理遗产有关的其他必要行为。

第一千一百四十八条　【遗产管理人未尽职责的民事责任】遗产管理人应当依法履行职责,因故意或者重大过失造成继承人、受遗赠人、债权人损害的,应当承担民事责任。

第一千一百四十九条　【遗产管理人的报酬】遗产管理人可以依照法律规定或者按照约定获得报酬。

第一千一百五十条　【继承开始后的通知】继承开始后,知道被继承人死亡的继承人应当及时通知其他继承人和遗嘱执行人。继承人中无人知道被继承人死亡或者知道被继承人死亡而不能通知的,由被继承人生前所在单位或者住所地的居民委员会、村民委员会负责通知。

第一千一百五十一条　【遗产的保管】存有遗产的人,应当妥善保管遗产,任何组织或者个人不得侵吞或者争抢。

第一千一百五十二条　【转继承】继承开始后,继承人于遗产分割前死亡,并没有放弃继承的,该继承人应当继承的遗产转给其继承人,但是遗嘱另有安排的除外。

第一千一百五十三条　【遗产的认定】夫妻共同所有的财产,除有约定的外,遗产分割时,应当先将共同所有的财产的一半分出为配偶所有,其余的为被继承人的遗产。

遗产在家庭共有财产之中的,遗产分割时,应当先分出他人的财产。

第一千一百五十四条　【法定继承的适用范围】有下列情形之一的,遗产中的有关部分按照法定继承办理:

(一)遗嘱继承人放弃继承或者受遗赠人放弃受遗赠;

(二)遗嘱继承人丧失继承权或者受遗赠人丧失受遗赠权;

(三)遗嘱继承人、受遗赠人先于遗嘱人死亡或者终止;

(四)遗嘱无效部分所涉及的遗产;

(五)遗嘱未处分的遗产。

第一千一百五十五条　【胎儿预留份】遗产分割时,应当保留胎儿的继承份额。胎儿娩出时是死体的,保留的份额按照法定继承办理。

第一千一百五十六条　【遗产分割的原则和方法】遗产分割应当有利于生产和生活需要,不损害遗产的效用。

不宜分割的遗产,可以采取折价、适当补偿或者共有等方法处理。

第一千一百五十七条　【再婚时对所继承遗产的处分权】夫妻一方死亡后另一方再婚的,有权处分所继承的财产,任何组织或者个人不得干涉。

第一千一百五十八条　【遗赠扶养协议】自然人可以与继承人以外的组织或者个人签订遗赠扶养协议。按照协议,该组织或者个人承担该自然人生养死葬的义务,享有受遗赠的权利。

第一千一百五十九条　【遗产分割时的义务】分割遗产,应当清偿被继承人依法应当缴纳的税款和债务;但是,应当为缺乏劳动能力又没有生活来源的继承人保留必要的遗产。

第一千一百六十条　【无人继承遗产的归属】无人继承又无人受遗赠的遗产,归国家所有,用于公益事业;死者生前是集体所有制组织成员的,归所在集体所有制组织所有。

第一千一百六十一条　【被继承人税款、债务清偿的原则】继承人以所得遗产实际价值为限清偿被继承人依法应当缴纳的税款和债务。超过遗产实际价值部分,继承人自愿偿还的不在此限。

继承人放弃继承的,对被继承人依法应当缴纳的税款和债务可以不负清偿责任。

第一千一百六十二条　【清偿被继承人税款、债务优先于执行遗赠的原则】执行遗赠不得妨碍清偿遗赠人依法应当缴纳的税款和债务。

第一千一百六十三条　【既有法定继承又有遗嘱继承、遗赠时税款和债务的清偿】既有法定继承又有遗嘱继承、遗赠的,由法定继承人清偿被继承人依法应当缴纳的税款和债务;超过法定继承遗产实际价值部分,由遗嘱继承人和受遗赠人按比例以所得遗产清偿。

最高人民法院关于适用《中华人民共和国民法典》婚姻家庭编的解释(一)

(2020年12月25日最高人民法院审判委员会第1825次会议通过
2020年12月29日公布　法释〔2020〕22号
自2021年1月1日起施行)

为正确审理婚姻家庭纠纷案件,根据《中华人民共和国民法典》《中华人民共和国民事诉讼法》等相关法律规定,结合审判实践,制定本解释。

一、一 般 规 定

第一条　持续性、经常性的家庭暴力,可以认定为民法典第一千零四十二条、第一千零七十九条、第一千零九十一条所称的“虐待”。

第二条　民法典第一千零四十二条、第一千零七十九条、第一千零九十一条规定的“与他人同居”的情形,是指有配偶者与婚外异性,不以夫妻名义,持续、稳定地共同居住。

第三条　当事人提起诉讼仅请求解除同居关系的,人民法院不予受理;已经受理的,裁定驳回起诉。

当事人因同居期间财产分割或者子女抚养纠纷提起诉讼的,人民法院应当受理。

第四条　当事人仅以民法典第一千零四十三条为依据提起诉讼的,人民法院不予受理;已经受理的,裁定驳回起诉。

第五条　当事人请求返还按照习俗给付的彩礼的,如果查明属于以下情形,人民法院应当予以支持:

(一)双方未办理结婚登记手续;

(二)双方办理结婚登记手续但确未共同生活;

(三)婚前给付并导致给付人生活困难。

适用前款第二项、第三项的规定,应当以双方离婚为条件。

二、结 婚

第六条 男女双方依据民法典第一千零四十九条规定补办结婚登记的,婚姻关系的效力从双方均符合民法典所规定的结婚的实质要件时起算。

第七条 未依据民法典第一千零四十九条规定办理结婚登记而以夫妻名义共同生活的男女,提起诉讼要求离婚的,应当区别对待:

(一)1994 年 2 月 1 日民政部《婚姻登记管理条例》公布实施以前,男女双方已经符合结婚实质要件的,按事实婚姻处理。

(二)1994 年 2 月 1 日民政部《婚姻登记管理条例》公布实施以后,男女双方符合结婚实质要件的,人民法院应当告知其补办结婚登记。未补办结婚登记的,依据本解释第三条规定处理。

第八条 未依据民法典第一千零四十九条规定办理结婚登记而以夫妻名义共同生活的男女,一方死亡,另一方以配偶身份主张享有继承权的,依据本解释第七条的原则处理。

第九条 有权依据民法典第一千零五十一条规定向人民法院就已办理结婚登记的婚姻请求确认婚姻无效的主体,包括婚姻当事人及利害关系人。其中,利害关系人包括:

(一)以重婚为由的,为当事人的近亲属及基层组织;

(二)以未到法定婚龄为由的,为未到法定婚龄者的近亲属;

(三)以有禁止结婚的亲属关系为由的,为当事人的近亲属。

第十条 当事人依据民法典第一千零五十一条规定向人民法院请求确认婚姻无效,法定的无效婚姻情形在提起诉讼时已经消失的,人民法院不予支持。

第十一条 人民法院受理请求确认婚姻无效案件后,原告申请撤诉的,不予准许。

对婚姻效力的审理不适用调解,应当依法作出判决。

涉及财产分割和子女抚养的,可以调解。调解达成协议的,另行制作调解书;未达成调解协议的,应当一并作出判决。

第十二条　人民法院受理离婚案件后,经审理确属无效婚姻的,应当将婚姻无效的情形告知当事人,并依法作出确认婚姻无效的判决。

第十三条　人民法院就同一婚姻关系分别受理了离婚和请求确认婚姻无效案件的,对于离婚案件的审理,应当待请求确认婚姻无效案件作出判决后进行。

第十四条　夫妻一方或者双方死亡后,生存一方或者利害关系人依据民法典第一千零五十一条的规定请求确认婚姻无效的,人民法院应当受理。

第十五条　利害关系人依据民法典第一千零五十一条的规定,请求人民法院确认婚姻无效的,利害关系人为原告,婚姻关系当事人双方为被告。

夫妻一方死亡的,生存一方为被告。

第十六条　人民法院审理重婚导致的无效婚姻案件时,涉及财产处理的,应当准许合法婚姻当事人作为有独立请求权的第三人参加诉讼。

第十七条　当事人以民法典第一千零五十一条规定的三种无效婚姻以外的情形请求确认婚姻无效的,人民法院应当判决驳回当事人的诉讼请求。

当事人以结婚登记程序存在瑕疵为由提起民事诉讼,主张撤销结婚登记的,告知其可以依法申请行政复议或者提起行政诉讼。

第十八条　行为人以给另一方当事人或者其近亲属的生命、身体、健康、名誉、财产等方面造成损害为要挟,迫使另一方当事人违背真实意愿结婚的,可以认定为民法典第一千零五十二条所称的"胁迫"。

因受胁迫而请求撤销婚姻的,只能是受胁迫一方的婚姻关系当事人本人。

第十九条　民法典第一千零五十二条规定的"一年",不适用诉讼时效中止、中断或者延长的规定。

受胁迫或者被非法限制人身自由的当事人请求撤销婚姻的,不适用民法典第一百五十二条第二款的规定。

第二十条　民法典第一千零五十四条所规定的"自始没有法律约束力",是指无效婚姻或者可撤销婚姻在依法被确认无效或者被撤销时,才确定该婚姻自始不受法律保护。

第二十一条　人民法院根据当事人的请求,依法确认婚姻无效或者撤销婚姻的，应当收缴双方的结婚证书并将生效的判决书寄送当地婚姻登记管理机关。

第二十二条　被确认无效或者被撤销的婚姻，当事人同居期间所得的财产，除有证据证明为当事人一方所有的以外，按共同共有处理。

三、夫妻关系

第二十三条　夫以妻擅自中止妊娠侵犯其生育权为由请求损害赔偿的，人民法院不予支持；夫妻双方因是否生育发生纠纷，致使感情确已破裂，一方请求离婚的，人民法院经调解无效，应依照民法典第一千零七十九条第三款第五项的规定处理。

第二十四条　民法典第一千零六十二条第一款第三项规定的“知识产权的收益”，是指婚姻关系存续期间，实际取得或者已经明确可以取得的财产性收益。

第二十五条　婚姻关系存续期间，下列财产属于民法典第一千零六十二条规定的“其他应当归共同所有的财产”：

（一）一方以个人财产投资取得的收益；

（二）男女双方实际取得或者应当取得的住房补贴、住房公积金；

（三）男女双方实际取得或者应当取得的基本养老金、破产安置补偿费。

第二十六条　夫妻一方个人财产在婚后产生的收益，除孳息和自然增值外，应认定为夫妻共同财产。

第二十七条　由一方婚前承租、婚后用共同财产购买的房屋，登记在一方名下的，应当认定为夫妻共同财产。

第二十八条　一方未经另一方同意出售夫妻共同所有的房屋，第三人善意购买、支付合理对价并已办理不动产登记，另一方主张追回该房屋的，人民法院不予支持。

夫妻一方擅自处分共同所有的房屋造成另一方损失，离婚时另一方请求赔偿损失的，人民法院应予支持。

第二十九条　当事人结婚前，父母为双方购置房屋出资的，该出资应当认定为对自己子女个人的赠与，但父母明确表示赠与双方的除外。

当事人结婚后，父母为双方购置房屋出资的，依照约定处理；没有约定或者约定不明确的,按照民法典第一千零六十二条第一款第四项规定的原则处理。

第三十条 军人的伤亡保险金、伤残补助金、医药生活补助费属于个人财产。

第三十一条 民法典第一千零六十三条规定为夫妻一方的个人财产,不因婚姻关系的延续而转化为夫妻共同财产。但当事人另有约定的除外。

第三十二条 婚前或者婚姻关系存续期间,当事人约定将一方所有的房产赠与另一方或者共有,赠与方在赠与房产变更登记之前撤销赠与,另一方请求判令继续履行的,人民法院可以按照民法典第六百五十八条的规定处理。

第三十三条 债权人就一方婚前所负个人债务向债务人的配偶主张权利的,人民法院不予支持。但债权人能够证明所负债务用于婚后家庭共同生活的除外。

第三十四条 夫妻一方与第三人串通,虚构债务,第三人主张该债务为夫妻共同债务的,人民法院不予支持。

夫妻一方在从事赌博、吸毒等违法犯罪活动中所负债务,第三人主张该债务为夫妻共同债务的,人民法院不予支持。

第三十五条 当事人的离婚协议或者人民法院生效判决、裁定、调解书已经对夫妻财产分割问题作出处理的,债权人仍有权就夫妻共同债务向男女双方主张权利。

一方就夫妻共同债务承担清偿责任后,主张由另一方按照离婚协议或者人民法院的法律文书承担相应债务的,人民法院应予支持。

第三十六条 夫或者妻一方死亡的,生存一方应当对婚姻关系存续期间的夫妻共同债务承担清偿责任。

第三十七条 民法典第一千零六十五条第三款所称"相对人知道该约定的",夫妻一方对此负有举证责任。

第三十八条 婚姻关系存续期间,除民法典第一千零六十六条规定情形以外,夫妻一方请求分割共同财产的,人民法院不予支持。

四、父母子女关系

第三十九条 父或者母向人民法院起诉请求否认亲子关系,并已提供必要证据予以证明,另一方没有相反证据又拒绝做亲子鉴定的,人民法院可以认定否认亲子关系一方的主张成立。

父或者母以及成年子女起诉请求确认亲子关系,并提供必要证据予以证明,另一方没有相反证据又拒绝做亲子鉴定的,人民法院可以认定确认亲子关系一方的主张成立。

第四十条 婚姻关系存续期间,夫妻双方一致同意进行人工授精,所生子女应视为婚生子女,父母子女间的权利义务关系适用民法典的有关规定。

第四十一条 尚在校接受高中及其以下学历教育,或者丧失、部分丧失劳动能力等非因主观原因而无法维持正常生活的成年子女,可以认定为民法典第一千零六十七条规定的"不能独立生活的成年子女"。

第四十二条 民法典第一千零六十七条所称"抚养费",包括子女生活费、教育费、医疗费等费用。

第四十三条 婚姻关系存续期间,父母双方或者一方拒不履行抚养子女义务,未成年子女或者不能独立生活的成年子女请求支付抚养费的,人民法院应予支持。

第四十四条 离婚案件涉及未成年子女抚养的,对不满两周岁的子女,按照民法典第一千零八十四条第三款规定的原则处理。母亲有下列情形之一,父亲请求直接抚养的,人民法院应予支持:

(一)患有久治不愈的传染性疾病或者其他严重疾病,子女不宜与其共同生活;

(二)有抚养条件不尽抚养义务,而父亲要求子女随其生活;

(三)因其他原因,子女确不宜随母亲生活。

第四十五条 父母双方协议不满两周岁子女由父亲直接抚养,并对子女健康成长无不利影响的,人民法院应予支持。

第四十六条 对已满两周岁的未成年子女,父母均要求直接抚养,一方有下列情形之一的,可予优先考虑:

(一)已做绝育手术或者因其他原因丧失生育能力;

(二)子女随其生活时间较长,改变生活环境对子女健康成长明显不利;

(三)无其他子女,而另一方有其他子女;

(四)子女随其生活,对子女成长有利,而另一方患有久治不愈的传染性疾病或者其他严重疾病,或者有其他不利于子女身心健康的情形,不宜与子女共同生活。

第四十七条　父母抚养子女的条件基本相同,双方均要求直接抚养子女,但子女单独随祖父母或者外祖父母共同生活多年,且祖父母或者外祖父母要求并且有能力帮助子女照顾孙子女或者外孙子女的,可以作为父或者母直接抚养子女的优先条件予以考虑。

第四十八条　在有利于保护子女利益的前提下,父母双方协议轮流直接抚养子女的,人民法院应予支持。

第四十九条　抚养费的数额,可以根据子女的实际需要、父母双方的负担能力和当地的实际生活水平确定。

有固定收入的,抚养费一般可以按其月总收入的百分之二十至三十的比例给付。负担两个以上子女抚养费的,比例可以适当提高,但一般不得超过月总收入的百分之五十。

无固定收入的,抚养费的数额可以依据当年总收入或者同行业平均收入,参照上述比例确定。

有特殊情况的,可以适当提高或者降低上述比例。

第五十条　抚养费应当定期给付,有条件的可以一次性给付。

第五十一条　父母一方无经济收入或者下落不明的,可以用其财物折抵抚养费。

第五十二条　父母双方可以协议由一方直接抚养子女并由直接抚养方负担子女全部抚养费。但是,直接抚养方的抚养能力明显不能保障子女所需费用,影响子女健康成长的,人民法院不予支持。

第五十三条　抚养费的给付期限,一般至子女十八周岁为止。

十六周岁以上不满十八周岁,以其劳动收入为主要生活来源,并能维持当地一般生活水平的,父母可以停止给付抚养费。

第五十四条　生父与继母离婚或者生母与继父离婚时,对曾受其抚养教育的继子女,继父或者继母不同意继续抚养的,仍应由生父或者生母抚养。

第五十五条　离婚后,父母一方要求变更子女抚养关系的,或者子女要求增加抚养费的,应当另行提起诉讼。

第五十六条　具有下列情形之一,父母一方要求变更子女抚养关系的,人民法院应予支持:

(一)与子女共同生活的一方因患严重疾病或者因伤残无力继续抚养

子女；

（二）与子女共同生活的一方不尽抚养义务或有虐待子女行为，或者其与子女共同生活对子女身心健康确有不利影响；

（三）已满八周岁的子女，愿随另一方生活，该方又有抚养能力；

（四）有其他正当理由需要变更。

第五十七条　父母双方协议变更子女抚养关系的，人民法院应予支持。

第五十八条　具有下列情形之一，子女要求有负担能力的父或者母增加抚养费的，人民法院应予支持：

（一）原定抚养费数额不足以维持当地实际生活水平；

（二）因子女患病、上学，实际需要已超过原定数额；

（三）有其他正当理由应当增加。

第五十九条　父母不得因子女变更姓氏而拒付子女抚养费。父或者母擅自将子女姓氏改为继母或继父姓氏而引起纠纷的，应当责令恢复原姓氏。

第六十条　在离婚诉讼期间，双方均拒绝抚养子女的，可以先行裁定暂由一方抚养。

第六十一条　对拒不履行或者妨害他人履行生效判决、裁定、调解书中有关子女抚养义务的当事人或者其他人，人民法院可依照民事诉讼法第一百一十一条的规定采取强制措施。

五、离　婚

第六十二条　无民事行为能力人的配偶有民法典第三十六条第一款规定行为，其他有监护资格的人可以要求撤销其监护资格，并依法指定新的监护人；变更后的监护人代理无民事行为能力一方提起离婚诉讼的，人民法院应予受理。

第六十三条　人民法院审理离婚案件，符合民法典第一千零七十九条第三款规定“应当准予离婚”情形的，不应当因当事人有过错而判决不准离婚。

第六十四条　民法典第一千零八十一条所称的“军人一方有重大过错”，可以依据民法典第一千零七十九条第三款前三项规定及军人有其他重大过错导致夫妻感情破裂的情形予以判断。

第六十五条　人民法院作出的生效的离婚判决中未涉及探望权，当事人就探望权问题单独提起诉讼的,人民法院应予受理。

第六十六条 当事人在履行生效判决、裁定或者调解书的过程中,一方请求中止探望的,人民法院在征询双方当事人意见后,认为需要中止探望的,依法作出裁定;中止探望的情形消失后,人民法院应当根据当事人的请求书面通知其恢复探望。

第六十七条 未成年子女、直接抚养子女的父或者母以及其他对未成年子女负担抚养、教育、保护义务的法定监护人,有权向人民法院提出中止探望的请求。

第六十八条 对于拒不协助另一方行使探望权的有关个人或者组织,可以由人民法院依法采取拘留、罚款等强制措施,但是不能对子女的人身、探望行为进行强制执行。

第六十九条 当事人达成的以协议离婚或者到人民法院调解离婚为条件的财产以及债务处理协议,如果双方离婚未成,一方在离婚诉讼中反悔的,人民法院应当认定该财产以及债务处理协议没有生效,并根据实际情况依照民法典第一千零八十七条和第一千零八十九条的规定判决。

当事人依照民法典第一千零七十六条签订的离婚协议中关于财产以及债务处理的条款,对男女双方具有法律约束力。登记离婚后当事人因履行上述协议发生纠纷提起诉讼的,人民法院应当受理。

第七十条 夫妻双方协议离婚后就财产分割问题反悔,请求撤销财产分割协议的,人民法院应当受理。

人民法院审理后,未发现订立财产分割协议时存在欺诈、胁迫等情形的,应当依法驳回当事人的诉讼请求。

第七十一条 人民法院审理离婚案件,涉及分割发放到军人名下的复员费、自主择业费等一次性费用的,以夫妻婚姻关系存续年限乘以年平均值,所得数额为夫妻共同财产。

前款所称年平均值,是指将发放到军人名下的上述费用总额按具体年限均分得出的数额。其具体年限为人均寿命七十岁与军人入伍时实际年龄的差额。

第七十二条 夫妻双方分割共同财产中的股票、债券、投资基金份额等有价证券以及未上市股份有限公司股份时,协商不成或者按市价分配有困难的,人民法院可以根据数量按比例分配。

第七十三条 人民法院审理离婚案件,涉及分割夫妻共同财产中以一方名义在有限责任公司的出资额,另一方不是该公司股东的,按以下情形分别处理:

(一)夫妻双方协商一致将出资额部分或者全部转让给该股东的配偶,其他股东过半数同意,并且其他股东均明确表示放弃优先购买权的,该股东的配偶可以成为该公司股东;

(二)夫妻双方就出资额转让份额和转让价格等事项协商一致后,其他股东半数以上不同意转让,但愿意以同等条件购买该出资额的,人民法院可以对转让出资所得财产进行分割。其他股东半数以上不同意转让,也不愿意以同等条件购买该出资额的,视为其同意转让,该股东的配偶可以成为该公司股东。

用于证明前款规定的股东同意的证据,可以是股东会议材料,也可以是当事人通过其他合法途径取得的股东的书面声明材料。

第七十四条 人民法院审理离婚案件,涉及分割夫妻共同财产中以一方名义在合伙企业中的出资,另一方不是该企业合伙人的,当夫妻双方协商一致,将其合伙企业中的财产份额全部或者部分转让给对方时,按以下情形分别处理:

(一)其他合伙人一致同意的,该配偶依法取得合伙人地位;

(二)其他合伙人不同意转让,在同等条件下行使优先购买权的,可以对转让所得的财产进行分割;

(三)其他合伙人不同意转让,也不行使优先购买权,但同意该合伙人退伙或者削减部分财产份额的,可以对结算后的财产进行分割;

(四)其他合伙人既不同意转让,也不行使优先购买权,又不同意该合伙人退伙或者削减部分财产份额的,视为全体合伙人同意转让,该配偶依法取得合伙人地位。

第七十五条 夫妻以一方名义投资设立个人独资企业的,人民法院分割夫妻在该个人独资企业中的共同财产时,应当按照以下情形分别处理:

(一)一方主张经营该企业的,对企业资产进行评估后,由取得企业资产所有权一方给予另一方相应的补偿;

(二)双方均主张经营该企业的,在双方竞价基础上,由取得企业资产所有权的一方给予另一方相应的补偿;

(三)双方均不愿意经营该企业的,按照《中华人民共和国个人独资企业法》等有关规定办理。

第七十六条 双方对夫妻共同财产中的房屋价值及归属无法达成协议时,人民法院按以下情形分别处理:

(一)双方均主张房屋所有权并且同意竞价取得的,应当准许;

(二)一方主张房屋所有权的,由评估机构按市场价格对房屋作出评估,取得房屋所有权的一方应当给予另一方相应的补偿;

(三)双方均不主张房屋所有权的,根据当事人的申请拍卖、变卖房屋,就所得价款进行分割。

第七十七条 离婚时双方对尚未取得所有权或者尚未取得完全所有权的房屋有争议且协商不成的,人民法院不宜判决房屋所有权的归属,应当根据实际情况判决由当事人使用。

当事人就前款规定的房屋取得完全所有权后,有争议的,可以另行向人民法院提起诉讼。

第七十八条 夫妻一方婚前签订不动产买卖合同,以个人财产支付首付款并在银行贷款,婚后用夫妻共同财产还贷,不动产登记于首付款支付方名下的,离婚时该不动产由双方协议处理。

依前款规定不能达成协议的,人民法院可以判决该不动产归登记一方,尚未归还的贷款为不动产登记一方的个人债务。双方婚后共同还贷支付的款项及其相对应财产增值部分,离婚时应根据民法典第一千零八十七条第一款规定的原则,由不动产登记一方对另一方进行补偿。

第七十九条 婚姻关系存续期间,双方用夫妻共同财产出资购买以一方父母名义参加房改的房屋,登记在一方父母名下,离婚时另一方主张按照夫妻共同财产对该房屋进行分割的,人民法院不予支持。购买该房屋时的出资,可以作为债权处理。

第八十条 离婚时夫妻一方尚未退休、不符合领取基本养老金条件,另一方请求按照夫妻共同财产分割基本养老金的,人民法院不予支持;婚后以夫妻共同财产缴纳基本养老保险费,离婚时一方主张将养老金账户中婚姻关系存续期间个人实际缴纳部分及利息作为夫妻共同财产分割的,人民法院应予支持。

第八十一条 婚姻关系存续期间,夫妻一方作为继承人依法可以继承的遗产，在继承人之间尚未实际分割，起诉离婚时另一方请求分割的，人民法院应当告知当事人在继承人之间实际分割遗产后另行起诉。

第八十二条　夫妻之间订立借款协议，以夫妻共同财产出借给一方从事个人经营活动或者用于其他个人事务的，应视为双方约定处分夫妻共同财产的行为，离婚时可以按照借款协议的约定处理。

第八十三条　离婚后，一方以尚有夫妻共同财产未处理为由向人民法院起诉请求分割的，经审查该财产确属离婚时未涉及的夫妻共同财产，人民法院应当依法予以分割。

第八十四条　当事人依据民法典第一千零九十二条的规定向人民法院提起诉讼，请求再次分割夫妻共同财产的诉讼时效期间为三年，从当事人发现之日起计算。

第八十五条　夫妻一方申请对配偶的个人财产或者夫妻共同财产采取保全措施的，人民法院可以在采取保全措施可能造成损失的范围内，根据实际情况，确定合理的财产担保数额。

第八十六条　民法典第一千零九十一条规定的“损害赔偿”，包括物质损害赔偿和精神损害赔偿。涉及精神损害赔偿的，适用《最高人民法院关于确定民事侵权精神损害赔偿责任若干问题的解释》的有关规定。

第八十七条　承担民法典第一千零九十一条规定的损害赔偿责任的主体，为离婚诉讼当事人中无过错方的配偶。

人民法院判决不准离婚的案件，对于当事人基于民法典第一千零九十一条提出的损害赔偿请求，不予支持。

在婚姻关系存续期间，当事人不起诉离婚而单独依据民法典第一千零九十一条提起损害赔偿请求的，人民法院不予受理。

第八十八条　人民法院受理离婚案件时，应当将民法典第一千零九十一条等规定中当事人的有关权利义务，书面告知当事人。在适用民法典第一千零九十一条时，应当区分以下不同情况：

（一）符合民法典第一千零九十一条规定的无过错方作为原告基于该条规定向人民法院提起损害赔偿请求的，必须在离婚诉讼的同时提出。

（二）符合民法典第一千零九十一条规定的无过错方作为被告的离婚诉讼案件，如果被告不同意离婚也不基于该条规定提起损害赔偿请求的，可以就此单独提起诉讼。

(三)无过错方作为被告的离婚诉讼案件,一审时被告未基于民法典第一千零九十一条规定提出损害赔偿请求,二审期间提出的,人民法院应当进行调解;调解不成的,告知当事人另行起诉。双方当事人同意由第二审人民法院一并审理的,第二审人民法院可以一并裁判。

第八十九条　当事人在婚姻登记机关办理离婚登记手续后,以民法典第一千零九十一条规定为由向人民法院提出损害赔偿请求的,人民法院应当受理。但当事人在协议离婚时已经明确表示放弃该项请求的,人民法院不予支持。

第九十条　夫妻双方均有民法典第一千零九十一条规定的过错情形,一方或者双方向对方提出离婚损害赔偿请求的,人民法院不予支持。

六、附　　则

第九十一条　本解释自2021年1月1日起施行。

最高人民法院关于适用《中华人民共和国民法典》继承编的解释(一)

(2020年12月25日最高人民法院审判委员会第1825次会议通过
2020年12月29日公布　法释〔2020〕23号
自2021年1月1日起施行)

为正确审理继承纠纷案件,根据《中华人民共和国民法典》等相关法律规定,结合审判实践,制定本解释。

一、一般规定

第一条　继承从被继承人生理死亡或者被宣告死亡时开始。

宣告死亡的，根据民法典第四十八条规定确定的死亡日期，为继承开始的时间。

第二条　承包人死亡时尚未取得承包收益的，可以将死者生前对承包所投入的资金和所付出的劳动及其增值和孳息，由发包单位或者接续承包合同的人合理折价、补偿。其价额作为遗产。

第三条　被继承人生前与他人订有遗赠扶养协议，同时又立有遗嘱的，继承开始后，如果遗赠扶养协议与遗嘱没有抵触，遗产分别按协议和遗嘱处理；如果有抵触，按协议处理，与协议抵触的遗嘱全部或者部分无效。

第四条　遗嘱继承人依遗嘱取得遗产后，仍有权依照民法典第一千一百三十条的规定取得遗嘱未处分的遗产。

第五条　在遗产继承中，继承人之间因是否丧失继承权发生纠纷，向人民法院提起诉讼的，由人民法院依据民法典第一千一百二十五条的规定，判决确认其是否丧失继承权。

第六条　继承人是否符合民法典第一千一百二十五条第一款第三项规定的“虐待被继承人情节严重”，可以从实施虐待行为的时间、手段、后果和社会影响等方面认定。

虐待被继承人情节严重的，不论是否追究刑事责任，均可确认其丧失继承权。

第七条　继承人故意杀害被继承人的，不论是既遂还是未遂，均应当确认其丧失继承权。

第八条　继承人有民法典第一千一百二十五条第一款第一项或者第二项所列之行为，而被继承人以遗嘱将遗产指定由该继承人继承的，可以确认遗嘱无效，并确认该继承人丧失继承权。

第九条　继承人伪造、篡改、隐匿或者销毁遗嘱，侵害了缺乏劳动能力又无生活来源的继承人的利益，并造成其生活困难的，应当认定为民法典第一千一百二十五条第一款第四项规定的“情节严重”。

二、法 定 继 承

第十条　被收养人对养父母尽了赡养义务,同时又对生父母扶养较多的,除可以依照民法典第一千一百二十七条的规定继承养父母的遗产外,还可以依照民法典第一千一百三十一条的规定分得生父母适当的遗产。

第十一条　继子女继承了继父母遗产的,不影响其继承生父母的遗产。

继父母继承了继子女遗产的,不影响其继承生子女的遗产。

第十二条　养子女与生子女之间、养子女与养子女之间,系养兄弟姐妹,可以互为第二顺序继承人。

被收养人与其亲兄弟姐妹之间的权利义务关系,因收养关系的成立而消除,不能互为第二顺序继承人。

第十三条　继兄弟姐妹之间的继承权,因继兄弟姐妹之间的扶养关系而发生。没有扶养关系的,不能互为第二顺序继承人。

继兄弟姐妹之间相互继承了遗产的,不影响其继承亲兄弟姐妹的遗产。

第十四条　被继承人的孙子女、外孙子女、曾孙子女、外曾孙子女都可以代位继承,代位继承人不受辈数的限制。

第十五条　被继承人的养子女、已形成扶养关系的继子女的生子女可以代位继承;被继承人亲生子女的养子女可以代位继承;被继承人养子女的养子女可以代位继承;与被继承人已形成扶养关系的继子女的养子女也可以代位继承。

第十六条　代位继承人缺乏劳动能力又没有生活来源,或者对被继承人尽过主要赡养义务的,分配遗产时,可以多分。

第十七条　继承人丧失继承权的,其晚辈直系血亲不得代位继承。如该代位继承人缺乏劳动能力又没有生活来源,或者对被继承人尽赡养义务较多的,可以适当分给遗产。

第十八条　丧偶儿媳对公婆、丧偶女婿对岳父母,无论其是否再婚,依照民法典第一千一百二十九条规定作为第一顺序继承人时,不影响其子女代位继承。

第十九条　对被继承人生活提供了主要经济来源,或者在劳务等方面给予了主要扶助的,应当认定其尽了主要赡养义务或主要扶养义务。

第二十条 依照民法典第一千一百三十一条规定可以分给适当遗产的人,分给他们遗产时,按具体情况可以多于或者少于继承人。

第二十一条 依照民法典第一千一百三十一条规定可以分给适当遗产的人,在其依法取得被继承人遗产的权利受到侵犯时,本人有权以独立的诉讼主体资格向人民法院提起诉讼。

第二十二条 继承人有扶养能力和扶养条件,愿意尽扶养义务,但被继承人因有固定收入和劳动能力,明确表示不要求其扶养的,分配遗产时,一般不应因此而影响其继承份额。

第二十三条 有扶养能力和扶养条件的继承人虽然与被继承人共同生活,但对需要扶养的被继承人不尽扶养义务,分配遗产时,可以少分或者不分。

三、遗嘱继承和遗赠

第二十四条 继承人、受遗赠人的债权人、债务人,共同经营的合伙人,也应当视为与继承人、受遗赠人有利害关系,不能作为遗嘱的见证人。

第二十五条 遗嘱人未保留缺乏劳动能力又没有生活来源的继承人的遗产份额,遗产处理时,应当为该继承人留下必要的遗产,所剩余的部分,才可参照遗嘱确定的分配原则处理。

继承人是否缺乏劳动能力又没有生活来源,应当按遗嘱生效时该继承人的具体情况确定。

第二十六条 遗嘱人以遗嘱处分了国家、集体或者他人财产的,应当认定该部分遗嘱无效。

第二十七条 自然人在遗书中涉及死后个人财产处分的内容,确为死者的真实意思表示,有本人签名并注明了年、月、日,又无相反证据的,可以按自书遗嘱对待。

第二十八条 遗嘱人立遗嘱时必须具有完全民事行为能力。无民事行为能力人或者限制民事行为能力人所立的遗嘱,即使其本人后来具有完全民事行为能力,仍属无效遗嘱。遗嘱人立遗嘱时具有完全民事行为能力,后来成为无民事行为能力人或者限制民事行为能力人的,不影响遗嘱的效力。

第二十九条 附义务的遗嘱继承或者遗赠,如义务能够履行,而继承人、受遗赠人无正当理由不履行,经受益人或者其他继承人请求,人民法院可以取消其接受附义务部分遗产的权利,由提出请求的继承人或者受益人负责按遗嘱人的意愿履行义务,接受遗产。

四、遗产的处理

第三十条　人民法院在审理继承案件时,如果知道有继承人而无法通知的,分割遗产时,要保留其应继承的遗产,并确定该遗产的保管人或者保管单位。

第三十一条　应当为胎儿保留的遗产份额没有保留的,应从继承人所继承的遗产中扣回。

为胎儿保留的遗产份额,如胎儿出生后死亡的,由其继承人继承;如胎儿娩出时是死体的,由被继承人的继承人继承。

第三十二条　继承人因放弃继承权,致其不能履行法定义务的,放弃继承权的行为无效。

第三十三条　继承人放弃继承应当以书面形式向遗产管理人或者其他继承人表示。

第三十四条　在诉讼中,继承人向人民法院以口头方式表示放弃继承的,要制作笔录,由放弃继承的人签名。

第三十五条　继承人放弃继承的意思表示,应当在继承开始后、遗产分割前作出。遗产分割后表示放弃的不再是继承权,而是所有权。

第三十六条　遗产处理前或者在诉讼进行中,继承人对放弃继承反悔的,由人民法院根据其提出的具体理由,决定是否承认。遗产处理后,继承人对放弃继承反悔的,不予承认。

第三十七条　放弃继承的效力,追溯到继承开始的时间。

第三十八条　继承开始后,受遗赠人表示接受遗赠,并于遗产分割前死亡的,其接受遗赠的权利转移给他的继承人。

第三十九条　由国家或者集体组织供给生活费用的烈属和享受社会救济的自然人,其遗产仍应准许合法继承人继承。

第四十条　继承人以外的组织或者个人与自然人签订遗赠扶养协议后,无正当理由不履行,导致协议解除的,不能享有受遗赠的权利,其支付的供养费用一般不予补偿;遗赠人无正当理由不履行,导致协议解除的,则应当偿还继承人以外的组织或者个人已支付的供养费用。

第四十一条 遗产因无人继承又无人受遗赠归国家或者集体所有制组织所有时,按照民法典第一千一百三十一条规定可以分给适当遗产的人提出取得遗产的诉讼请求,人民法院应当视情况适当分给遗产。

第四十二条 人民法院在分割遗产中的房屋、生产资料和特定职业所需要的财产时,应当依据有利于发挥其使用效益和继承人的实际需要,兼顾各继承人的利益进行处理。

第四十三条 人民法院对故意隐匿、侵吞或者争抢遗产的继承人,可以酌情减少其应继承的遗产。

第四十四条 继承诉讼开始后,如继承人、受遗赠人中有既不愿参加诉讼,又不表示放弃实体权利的,应当追加为共同原告;继承人已书面表示放弃继承、受遗赠人在知道受遗赠后六十日内表示放弃受遗赠或者到期没有表示的,不再列为当事人。

五、附 则

第四十五条 本解释自2021年1月1日起施行。

中华人民共和国社会保险法(节录)

(2010年10月28日第十一届全国人民代表大会常务委员会第十七次会议通过　根据2018年12月29日第十三届全国人民代表大会常务委员会第七次会议《关于修改〈中华人民共和国社会保险法〉的决定》修正)

第二章　基本养老保险

第十条　【参保范围和缴费主体】职工应当参加基本养老保险,由用人单位和职工共同缴纳基本养老保险费。

无雇工的个体工商户、未在用人单位参加基本养老保险的非全日制从业人员以及其他灵活就业人员可以参加基本养老保险,由个人缴纳基本养老保险费。

公务员和参照公务员法管理的工作人员养老保险的办法由国务院规定。

第十一条　【制度模式和筹资方式】基本养老保险实行社会统筹与个人账户相结合。

基本养老保险基金由用人单位和个人缴费以及政府补贴等组成。

第十二条　【缴费基数和比例】用人单位应当按照国家规定的本单位职工工资总额的比例缴纳基本养老保险费,记入基本养老保险统筹基金。

职工应当按照国家规定的本人工资的比例缴纳基本养老保险费,记入个人账户。

无雇工的个体工商户、未在用人单位参加基本养老保险的非全日制从业人员以及其他灵活就业人员参加基本养老保险的,应当按照国家规定缴纳基本养老保险费,分别记入基本养老保险统筹基金和个人账户。

第十三条 【财政责任】国有企业、事业单位职工参加基本养老保险前，视同缴费年限期间应当缴纳的基本养老保险费由政府承担。

基本养老保险基金出现支付不足时，政府给予补贴。

第十四条 【个人账户养老金】个人账户不得提前支取，记账利率不得低于银行定期存款利率，免征利息税。个人死亡的，个人账户余额可以继承。

第十五条 【基本养老金的构成及确定因素】基本养老金由统筹养老金和个人账户养老金组成。

基本养老金根据个人累计缴费年限、缴费工资、当地职工平均工资、个人账户金额、城镇人口平均预期寿命等因素确定。

第十六条 【最低缴费年限和制度接转】参加基本养老保险的个人，达到法定退休年龄时累计缴费满十五年的，按月领取基本养老金。

参加基本养老保险的个人，达到法定退休年龄时累计缴费不足十五年的，可以缴费至满十五年，按月领取基本养老金；也可以转入新型农村社会养老保险或者城镇居民社会养老保险，按照国务院规定享受相应的养老保险待遇。

第十七条 【因病或者非因工致残的待遇】参加基本养老保险的个人，因病或者非因工死亡的，其遗属可以领取丧葬补助金和抚恤金；在未达到法定退休年龄时因病或者非因工致残完全丧失劳动能力的，可以领取病残津贴。所需资金从基本养老保险基金中支付。

第十八条 【养老金调整机制】国家建立基本养老金正常调整机制。根据职工平均工资增长、物价上涨情况，适时提高基本养老保险待遇水平。

第十九条 【转移接续制度】个人跨统筹地区就业的，其基本养老保险关系随本人转移，缴费年限累计计算。个人达到法定退休年龄时，基本养老金分段计算、统一支付。具体办法由国务院规定。

第二十条 【农村社会养老保险制度】国家建立和完善新型农村社会养老保险制度。

新型农村社会养老保险实行个人缴费、集体补助和政府补贴相结合。

第二十一条 【农村社会养老保险待遇】新型农村社会养老保险待遇由基础养老金和个人账户养老金组成。

参加新型农村社会养老保险的农村居民，符合国家规定条件的，按月领取新型农村社会养老保险待遇。

第二十二条　【城镇居民社会养老保险】国家建立和完善城镇居民社会养老保险制度。

省、自治区、直辖市人民政府根据实际情况,可以将城镇居民社会养老保险和新型农村社会养老保险合并实施。

第三章　基本医疗保险

第二十三条　【参保范围和缴费主体】职工应当参加职工基本医疗保险,由用人单位和职工按照国家规定共同缴纳基本医疗保险费。

无雇工的个体工商户、未在用人单位参加职工基本医疗保险的非全日制从业人员以及其他灵活就业人员可以参加职工基本医疗保险,由个人按照国家规定缴纳基本医疗保险费。

第二十四条　【新型农村合作医疗】国家建立和完善新型农村合作医疗制度。

新型农村合作医疗的管理办法,由国务院规定。

第二十五条　【城镇居民基本医疗保险】国家建立和完善城镇居民基本医疗保险制度。

城镇居民基本医疗保险实行个人缴费和政府补贴相结合。

享受最低生活保障的人、丧失劳动能力的残疾人、低收入家庭六十周岁以上的老年人和未成年人等所需个人缴费部分,由政府给予补贴。

第二十六条　【待遇标准】职工基本医疗保险、新型农村合作医疗和城镇居民基本医疗保险的待遇标准按照国家规定执行。

第二十七条　【退休后医疗保险待遇】参加职工基本医疗保险的个人,达到法定退休年龄时累计缴费达到国家规定年限的,退休后不再缴纳基本医疗保险费,按照国家规定享受基本医疗保险待遇;未达到国家规定年限的,可以缴费至国家规定年限。

第二十八条　【支付范围】符合基本医疗保险药品目录、诊疗项目、医疗服务设施标准以及急诊、抢救的医疗费用,按照国家规定从基本医疗保险基金中支付。

第二十九条　【医疗费用的直接结算】参保人员医疗费用中应当由基本医疗保险基金支付的部分,由社会保险经办机构与医疗机构、药品经营单位直接结算。

社会保险行政部门和卫生行政部门应当建立异地就医医疗费用结算制度，方便参保人员享受基本医疗保险待遇。

第三十条　【不纳入支付范围】下列医疗费用不纳入基本医疗保险基金支付范围：

（一）应当从工伤保险基金中支付的；

（二）应当由第三人负担的；

（三）应当由公共卫生负担的；

（四）在境外就医的。

医疗费用依法应当由第三人负担，第三人不支付或者无法确定第三人的，由基本医疗保险基金先行支付。基本医疗保险基金先行支付后，有权向第三人追偿。

第三十一条　【服务协议】社会保险经办机构根据管理服务的需要，可以与医疗机构、药品经营单位签订服务协议，规范医疗服务行为。

医疗机构应当为参保人员提供合理、必要的医疗服务。

第三十二条　【转移接续】个人跨统筹地区就业的，其基本医疗保险关系随本人转移，缴费年限累计计算。

中华人民共和国反家庭暴力法

（2015年12月27日第十二届全国人民代表大会常务委员会第十八次会议通过　2015年12月27日中华人民共和国主席令第37号公布　自2016年3月1日起施行）

目　录

第一章　总　　则

第一条　【立法目的】为了预防和制止家庭暴力，保护家庭成员的合法权益，维护平等、和睦、文明的家庭关系，促进家庭和谐、社会稳定，制定本法。

第二条　【定义】本法所称家庭暴力，是指家庭成员之间以殴打、捆绑、残害、限制人身自由以及经常性谩骂、恐吓等方式实施的身体、精神等侵害行为。

第三条　【家庭成员之间的义务】家庭成员之间应当互相帮助，互相关爱，和睦相处，履行家庭义务。

反家庭暴力是国家、社会和每个家庭的共同责任。

国家禁止任何形式的家庭暴力。

第四条　【政府职责】县级以上人民政府负责妇女儿童工作的机构，负责组织、协调、指导、督促有关部门做好反家庭暴力工作。

县级以上人民政府有关部门、司法机关、人民团体、社会组织、居民委员会、村民委员会、企业事业单位，应当依照本法和有关法律规定，做好反家庭暴力工作。

各级人民政府应当对反家庭暴力工作给予必要的经费保障。

第五条　【反家庭暴力工作的原则】反家庭暴力工作遵循预防为主，教育、矫治与惩处相结合原则。

反家庭暴力工作应当尊重受害人真实意愿，保护当事人隐私。

未成年人、老年人、残疾人、孕期和哺乳期的妇女、重病患者遭受家庭暴力的，应当给予特殊保护。

第二章　家庭暴力的预防

第六条　【宣传教育】国家开展家庭美德宣传教育，普及反家庭暴力知识,增强公民反家庭暴力意识。

工会、共产主义青年团、妇女联合会、残疾人联合会应当在各自工作范围内,组织开展家庭美德和反家庭暴力宣传教育。

广播、电视、报刊、网络等应当开展家庭美德和反家庭暴力宣传。

学校、幼儿园应当开展家庭美德和反家庭暴力教育。

第七条 【业务培训、统计】县级以上人民政府有关部门、司法机关、妇女联合会应当将预防和制止家庭暴力纳入业务培训和统计工作。

医疗机构应当做好家庭暴力受害人的诊疗记录。

第八条 【乡镇人民政府、街道办事处的职责】乡镇人民政府、街道办事处应当组织开展家庭暴力预防工作,居民委员会、村民委员会、社会工作服务机构应当予以配合协助。

第九条 【政府支持】各级人民政府应当支持社会工作服务机构等社会组织开展心理健康咨询、家庭关系指导、家庭暴力预防知识教育等服务。

第十条 【调解家庭纠纷】人民调解组织应当依法调解家庭纠纷,预防和减少家庭暴力的发生。

第十一条 【用人单位的职责】用人单位发现本单位人员有家庭暴力情况的,应当给予批评教育,并做好家庭矛盾的调解、化解工作。

第十二条 【监护人的职责】未成年人的监护人应当以文明的方式进行家庭教育,依法履行监护和教育职责,不得实施家庭暴力。

第三章 家庭暴力的处置

第十三条 【投诉、反映和求助】家庭暴力受害人及其法定代理人、近亲属可以向加害人或者受害人所在单位、居民委员会、村民委员会、妇女联合会等单位投诉、反映或者求助。有关单位接到家庭暴力投诉、反映或者求助后,应当给予帮助、处理。

家庭暴力受害人及其法定代理人、近亲属也可以向公安机关报案或者依法向人民法院起诉。

单位、个人发现正在发生的家庭暴力行为,有权及时劝阻。

第十四条 【报案】学校、幼儿园、医疗机构、居民委员会、村民委员会、社会工作服务机构、救助管理机构、福利机构及其工作人员在工作中发现无民事行为能力人、限制民事行为能力人遭受或者疑似遭受家庭暴力的,应当及时向公安机关报案。公安机关应当对报案人的信息予以保密。

第十五条　【公安机关接到报案后的工作】公安机关接到家庭暴力报案后应当及时出警,制止家庭暴力,按照有关规定调查取证,协助受害人就医、鉴定伤情。

无民事行为能力人、限制民事行为能力人因家庭暴力身体受到严重伤害、面临人身安全威胁或者处于无人照料等危险状态的,公安机关应当通知并协助民政部门将其安置到临时庇护场所、救助管理机构或者福利机构。

第十六条　【告诫书的出具和内容】家庭暴力情节较轻,依法不给予治安管理处罚的,由公安机关对加害人给予批评教育或者出具告诫书。

告诫书应当包括加害人的身份信息、家庭暴力的事实陈述、禁止加害人实施家庭暴力等内容。

第十七条　【告诫书的送达】公安机关应当将告诫书送交加害人、受害人,并通知居民委员会、村民委员会。

居民委员会、村民委员会、公安派出所应当对收到告诫书的加害人、受害人进行查访,监督加害人不再实施家庭暴力。

第十八条　【设立临时庇护场所】县级或者设区的市级人民政府可以单独或者依托救助管理机构设立临时庇护场所,为家庭暴力受害人提供临时生活帮助。

第十九条　【法律援助和诉讼费用的缓减免】法律援助机构应当依法为家庭暴力受害人提供法律援助。

人民法院应当依法对家庭暴力受害人缓收、减收或者免收诉讼费用。

第二十条　【人民法院对家庭暴力事实的认定依据】人民法院审理涉及家庭暴力的案件,可以根据公安机关出警记录、告诫书、伤情鉴定意见等证据,认定家庭暴力事实。

第二十一条　【监护人资格的撤销】监护人实施家庭暴力严重侵害被监护人合法权益的,人民法院可以根据被监护人的近亲属、居民委员会、村民委员会、县级人民政府民政部门等有关人员或者单位的申请,依法撤销其监护人资格,另行指定监护人。

被撤销监护人资格的加害人,应当继续负担相应的赡养、扶养、抚养费用。

第二十二条　【对加害人进行法治教育】工会、共产主义青年团、妇女联合会、残疾人联合会、居民委员会、村民委员会等应当对实施家庭暴力的加害人进行法治教育,必要时可以对加害人、受害人进行心理辅导。

第四章　人身安全保护令

第二十三条　【申请人身安全保护令】当事人因遭受家庭暴力或者面临家庭暴力的现实危险,向人民法院申请人身安全保护令的,人民法院应当受理。

当事人是无民事行为能力人、限制民事行为能力人,或者因受到强制、威吓等原因无法申请人身安全保护令的,其近亲属、公安机关、妇女联合会、居民委员会、村民委员会、救助管理机构可以代为申请。

第二十四条　【申请方式】申请人身安全保护令应当以书面方式提出;书面申请确有困难的,可以口头申请,由人民法院记入笔录。

第二十五条　【管辖法院】人身安全保护令案件由申请人或者被申请人居住地、家庭暴力发生地的基层人民法院管辖。

第二十六条　【以裁定形式作出】人身安全保护令由人民法院以裁定形式作出。

第二十七条　【作出人身安全保护令的条件】作出人身安全保护令,应当具备下列条件:

(一)有明确的被申请人;

(二)有具体的请求;

(三)有遭受家庭暴力或者面临家庭暴力现实危险的情形。

第二十八条　【作出人身安全保护令或者驳回申请的时限】人民法院受理申请后,应当在七十二小时内作出人身安全保护令或者驳回申请;情况紧急的,应当在二十四小时内作出。

第二十九条　【措施】人身安全保护令可以包括下列措施:

(一)禁止被申请人实施家庭暴力;

(二)禁止被申请人骚扰、跟踪、接触申请人及其相关近亲属;

(三)责令被申请人迁出申请人住所;

(四)保护申请人人身安全的其他措施。

第三十条 【有效期】人身安全保护令的有效期不超过六个月，自作出之日起生效。人身安全保护令失效前，人民法院可以根据申请人的申请撤销、变更或者延长。

第三十一条 【复议】申请人对驳回申请不服或者被申请人对人身安全保护令不服的，可以自裁定生效之日起五日内向作出裁定的人民法院申请复议一次。人民法院依法作出人身安全保护令的，复议期间不停止人身安全保护令的执行。

第三十二条 【送达】人民法院作出人身安全保护令后，应当送达申请人、被申请人、公安机关以及居民委员会、村民委员会等有关组织。人身安全保护令由人民法院执行，公安机关以及居民委员会、村民委员会等应当协助执行。

第五章 法律责任

第三十三条 【实施家庭暴力的法律责任】加害人实施家庭暴力，构成违反治安管理行为的，依法给予治安管理处罚；构成犯罪的，依法追究刑事责任。

第三十四条 【被申请人违反人身安全保护令的法律责任】被申请人违反人身安全保护令，构成犯罪的，依法追究刑事责任；尚不构成犯罪的，人民法院应当给予训诫，可以根据情节轻重处以一千元以下罚款、十五日以下拘留。

第三十五条 【不依据规定向公安机关报案的法律责任】学校、幼儿园、医疗机构、居民委员会、村民委员会、社会工作服务机构、救助管理机构、福利机构及其工作人员未依照本法第十四条规定向公安机关报案，造成严重后果的，由上级主管部门或者本单位对直接负责的主管人员和其他直接责任人员依法给予处分。

第三十六条 【国家工作人员违反职责的法律责任】负有反家庭暴力职责的国家工作人员玩忽职守、滥用职权、徇私舞弊的，依法给予处分；构成犯罪的，依法追究刑事责任。

第六章 附 则

第三十七条 【参照适用】家庭成员以外共同生活的人之间实施的暴力行为,参照本法规定执行。

第三十八条 【实施日期】本法自 2016 年 3 月 1 日起施行。

中华人民共和国刑法(节录)

(1979 年 7 月 1 日第五届全国人民代表大会第二次会议通过 1997 年 3 月 14 日第八届全国人民代表大会第五次会议修订 根据 1998 年 12 月 29 日第九届全国人民代表大会常务委员会第六次会议通过的《关于惩治骗购外汇、逃汇和非法买卖外汇犯罪的决定》、1999 年 12 月 25 日第九届全国人民代表大会常务委员会第十三次会议通过的《中华人民共和国刑法修正案》、2001 年 8 月 31 日第九届全国人民代表大会常务委员会第二十三次会议通过的《中华人民共和国刑法修正案(二)》、2001 年 12 月 29 日第九届全国人民代表大会常务委员会第二十五次会议通过的《中华人民共和国刑法修正案(三)》、2002 年 12 月 28 日第九届全国人民代表大会常务委员会第三十一次会议通过的《中华人民共和国刑法修正案(四)》、2005 年 2 月 28 日第十届全国人民代表大会常务委员会第十四次会议通过的《中华人民共和国刑法修正案(五)》、2006 年 6 月 29 日第十届全国人民代表大会常务委员会第二十二次会议通过的《中华人民共和国刑法修正案(六)》、2009 年 2 月 28 日第十一届全国人民代表大会常务委员会第七次会议通过的《中华人民共和国刑法修正案(七)》、2009 年 8 月 27 日第十一届全国人民代表大会常务委员会第十次会议通过的《关于修改部分法律的决定》、2011 年 2

月25日第十一届全国人民代表大会常务委员会第十九次会议通过的《中华人民共和国刑法修正案(八)》、2015年8月29日第十二届全国人民代表大会常务委员会第十六次会议通过的《中华人民共和国刑法修正案(九)》、2017年11月4日第十二届全国人民代表大会常务委员会第三十次会议通过的《中华人民共和国刑法修正案(十)》、2020年12月26日第十三届全国人民代表大会常务委员会第二十四次会议通过的《中华人民共和国刑法修正案(十一)》修正

第二百五十七条　【暴力干涉婚姻自由罪】以暴力干涉他人婚姻自由的,处二年以下有期徒刑或者拘役。

犯前款罪,致使被害人死亡的,处二年以上七年以下有期徒刑。

第一款罪,告诉的才处理。

第二百六十条　【虐待罪】虐待家庭成员,情节恶劣的,处二年以下有期徒刑、拘役或者管制。

犯前款罪,致使被害人重伤、死亡的,处二年以上七年以下有期徒刑。

第一款罪,告诉的才处理,但被害人没有能力告诉,或者因受到强制、威吓无法告诉的除外。

第二百六十条之一　【虐待被监护、看护人罪】对未成年人、老年人、患病的人、残疾人等负有监护、看护职责的人虐待被监护、看护的人,情节恶劣的,处三年以下有期徒刑或者拘役。

单位犯前款罪的,对单位判处罚金,并对其直接负责的主管人员和其他直接责任人员,依照前款的规定处罚。

有第一款行为,同时构成其他犯罪的,依照处罚较重的规定定罪处罚。

第二百六十一条　【遗弃罪】对于年老、年幼、患病或者其他没有独立生活能力的人,负有扶养义务而拒绝扶养,情节恶劣的,处五年以下有期徒刑、拘役或者管制。

全国老龄办等24部门关于进一步加强老年人优待工作的意见

（2013年12月30日 全国老龄办发〔2013〕97号发布）

各省、自治区、直辖市及新疆生产建设兵团老龄工作委员会办公室、高级人民法院、党委宣传部、发展改革委、科技厅（委、局）、公安厅（局）、民政厅（局）、司法厅（局）、财政厅（局）、人力资源社会保障厅（局）、住房城乡建设厅（委、局）、交通厅（委、局）、农业厅（局、委）、商务主管部门、文化厅（局）、卫生计生委（卫生厅、局、人口计生委）、新闻出版局、广电局、体育局（委）、林业厅（局）、旅游局（委）、铁路局、民航管理局、文物局、总工会：

老年人优待是政府和社会在做好公民社会保障和基本公共服务的基础上，在医、食、住、用、行、娱等方面，积极为老年人提供的各种形式的经济补贴、优先优惠和便利服务。做好老年人优待工作，是增进老年人福祉的重要举措，也是社会文明进步的重要标志。根据新修订的《中华人民共和国老年人权益保障法》和《中共中央、国务院关于加强老龄工作的决定》的有关规定，现就进一步加强老年人优待工作，提出以下意见：

一、总体要求

（一）指导思想

以邓小平理论、“三个代表”重要思想、科学发展观为指导，立足我国基本国情和经济社会发展现状，针对老年人的特殊需求，积极完善优待政策法规体系，逐步拓展优待项目和范围、创新优待工作方式、提升优待水平，让老年人更好地共享经济社会发展成果，不断提升老年人生活质量。

（二）基本原则

——政府主导，社会参与。发挥政府在政策制定、督查检查、示范引领方面的主导作用,在社会保障、基本公共服务等方面积极为老年人提供优待,采取措施鼓励、引导社会力量参与优待工作。

——因地制宜,积极推进。根据经济社会发展实际,合理确定优待范围、优待对象和优待标准。积极推进优待工作,坚持积极稳妥、循序渐进,稳步提升。

——突出重点,适度普惠。从不同老年群体的实际需求出发,对各优待项目的服务对象进行细分,优先考虑高龄、失能等困难老年群体的特殊需要,逐步发展面向老年人的普惠性优待项目。

——统筹协调,和谐共融。统筹社会优待与社会保障、优待工作与老龄事业、物质帮助与精神关爱协调发展;统筹推进城乡老年人优待工作,加快发展农村老年人优待项目;统筹不同年龄群体的利益诉求,促进代际共融与社会和谐。

(三)主要目标

2015年,实现县级以上地方人民政府全面建立健全老年人优待政策,社会敬老氛围更加浓厚,各项优待规定得到有效落实;2020年,实现优待工作管理进一步规范,优待项目进一步拓展,优待水平进一步提升,老年人过上更加幸福的小康生活。

二、优待项目和范围

优待的基本对象为60周岁以上的老年人。各地可因地制宜,在本意见基础上合理确定优待对象和优待标准,率先在卫生保健、交通出行、商业服务、文体休闲等方面,对常住本行政区域内的老年人给予同等优待,并根据本地实际情况,逐步拓展同等优待范围。

(一)政务服务优待

1. 各地在落实和完善社会保障制度和公共服务政策时,应对老年人予以适度倾斜。

2. 鼓励地方建立八十周岁以上低收入老年人高龄津贴制度。

3. 政府投资兴办的养老机构,要在保障“三无”老年人、“五保”老年人服务需求的基础上,优先照顾经济困难的孤寡、失能、高龄老年人。

4. 各地对经济困难的老年人要逐步给予养老服务补贴。对生活长期不能自理、经济困难的老年人,要根据其失能程度等情况给予护理补贴。

5. 各地在实施廉租住房、公共租赁住房等住房保障制度时,要照顾符合条件的老年人,优先配租配售保障性住房;进行危旧房屋改造时,优先帮助符合条件的老年人进行危房改造。

6. 政府有关部门要为老年人及时、便利地领取养老金、结算医疗费和享受其他物质帮助,创造条件,提供便利。鼓励和引导公共服务机构、社会志愿服务组织优先为老年人提供服务。

7. 政府有关部门在办理房屋权属关系变更等涉及老年人权益的重大事项时,应依法优先办理,并就办理事项是否为老年人的真实意愿进行询问,有代理人的要严格审查代理资格。

8. 免除农村老年人兴办公益事业的筹劳任务。经农村集体经济组织全体成员同意,将未承包的集体所有的部分土地、山林、水面、滩涂等作为养老基地,收益供老年人养老,纳入国家和地方湿地保护体系及其自然保护区的重要湿地除外。

9. 政府有关部门要完善老年人社会参与方面的支持政策,充分发挥老年人参与社会发展的积极性和创造性。

10. 对有老年人去世的城乡生活困难家庭,减免其基本殡葬服务费用,或者为其提供基本殡葬服务补贴。对有老年人去世的家庭,选择生态安葬方式的,或者在土葬改革区自愿实行火葬的,要给予补贴或奖励。

(二)卫生保健优待

11. 医疗卫生机构要优先为辖区内 65 周岁以上常住老年人免费建立健康档案,每年至少提供 1 次免费体格检查和健康指导,开展健康管理服务。定期对老年人进行健康状况评估,及时发现健康风险因素,促进老年疾病早发现、早诊断、早治疗。积极开展老年疾病防控的知识宣传,开展老年慢性病和老年期精神障碍的预防控制工作。为行动不便的老年人提供上门服务。

12. 鼓励设立老年病医院,加强老年护理院、老年康复医院建设,有条件的二级以上综合医院应设立老年病科。

13. 医疗卫生机构应为老年人就医提供方便和优先优惠服务。通过完善挂号、诊疗系统管理,开设专用窗口或快速通道、提供导医服务等方式,为老年人特别是高龄、重病、失能老年人挂号(退换号)、就诊、转诊、综合诊疗提供便利条件。

14. 鼓励各地医疗机构减免老年人普通门诊挂号费和贫困老年人诊疗费。提倡为老年人义诊。

15. 倡导医疗卫生机构与养老机构之间建立业务协作机制，开通预约就诊绿色通道，协同做好老年人慢性病管理和康复护理，加快推进面向养老机构的远程医疗服务试点，为老年人提供便捷、优先、优惠的医疗服务。

16. 支持符合条件的养老机构内设医疗机构，申请纳入城镇职工（居民）基本医疗保险和新型农村合作医疗定点范围。

（三）交通出行优待

17. 城市公共交通、公路、铁路、水路和航空客运，要为老年人提供便利服务。

18. 交通场所和站点应设置老年人优先标志，设立等候专区，根据需要配备升降电梯、无障碍通道、无障碍洗手间等设施。对于无人陪同、行动不便的老年人给予特别关照。

19. 城市公共交通工具应为老年人提供票价优惠，鼓励对65周岁以上老年人实行免费，有条件的地方可逐步覆盖全体老年人。各地可根据实际情况制定具体的优惠办法，对落实老年优待任务的公交企业要给予相应经济补偿。

20. 倡导老年人投保意外伤害保险，保险公司对参保老年人应给予保险费、保险金额等方面的优惠。

21. 公共交通工具要设立不低于坐席数10%的“老幼病残孕”专座。铁路部门要为列车配备无障碍车厢和座位，对有特殊需要的老年人订票和选座位提供便利服务。

22. 严格执行《无障碍环境建设条例》、《社区老年人日间照料中心建设标准》和《养老设施建筑设计规范》等建设标准，重点做好居住区、城市道路、商业网点、文化体育场馆、旅游景点等场所的无障碍设施建设，优先推进坡道、电梯等与老年人日常生活密切相关的公共设施改造，适当配备老年人出行辅助器具，为老年人提供安全、便利、舒适的生活和出行环境。

23. 公厕应配备便于老年人使用的无障碍设施，并对老年人实行免费。

（四）商业服务优待

24. 各地要根据老年人口规模和消费需求，合理布局商业网点，有条件的商场、超市设立老年用品专柜。

25. 商业饮食服务网点、日常生活用品经销单位，以及水、电、暖气、燃气、通讯、电信、邮政等服务行业和网点，要为老年人提供优先、便利和优惠服务。

26. 金融机构应为老年人办理业务提供便捷服务，设置老年人取款优先窗口，并提供导银服务，对有特殊困难、行动不便的老年人提供特需服务或上门服务。鼓励对养老金客户实施减费让利，对异地领取养老金的客户减免手续费。对办理转账、汇款业务或购买金融产品的老年人，应提示相应风险。

（五）文体休闲优待

27. 各级各类博物馆、美术馆、科技馆、纪念馆、公共图书馆、文化馆等公共文化服务设施，向老年人免费开放。减免老年人参观文物建筑及遗址类博物馆的门票。

28. 公共文化体育部门应对老年人优惠开放，免费为老年人提供影视放映、文艺演出、体育赛事、图片展览、科技宣传等公益性流动文化体育服务。关注农村老年人文化体育需求，适当安排面向农村老年人的专题专场公益性文化体育服务。

29. 公共文化体育场所应为老年人健身活动提供方便和优惠服务，安排一定时段向老年人减免费用开放，有条件的可适当增加面向老年人的特色文化体育服务项目。提倡体育机构每年为老年人进行体质测定，为老年人体育健身提供咨询、服务和指导，提高老年人科学健身水平。

30. 提倡经营性文化体育单位对老年人提供优待。鼓励影剧院、体育场馆为老年人提供优惠票价，为老年文艺体育团体优惠提供场地。

31. 公园、旅游景点应对老年人实行门票减免，鼓励景区内的观光车、缆车等代步工具对老年人给予优惠。

32. 老年活动场所、老年教育资源要对城乡老年人公平开放，公共教育资源应为老年人学习提供指导和帮助。贫困老年人进入老年大学（学校）学习的，给予学费减免。

（六）维权服务优待

33. 各级人民法院对侵犯老年人合法权益的案件，要依法及时立案受理、及时审判和执行。

34. 司法机关应开通电话和网络服务、上门服务等形式，为高龄、失能等行动不便的老年人报案、参与诉讼等提供便利。

35. 老年人因其合法权益受到侵害提起诉讼，需要律师帮助但无力支付律师费用的，可依法获得法律援助。对老年人提出的法律援助申请，要简化程序，优先受理、优先审查和指派。各地可根据经济社会发展水平，适度放宽老年人经济困难标准，将更多与老年人权益保护密切相关的事项纳入法律援助补充事项范围，扩大老年人法律援助覆盖面。

36. 要健全完善老年人法律援助体系，不断拓展老年人申请法律援助的渠道，科学设置基层法律援助站点，简化程序和手续，为老年人就近申请和获得法律援助提供便利条件。

37. 老年人因追索赡养费、扶养费、养老金、退休金、抚恤金、医疗费、劳动报酬、人身伤害事故赔偿金等提起诉讼，交纳诉讼费确有困难的，可以申请司法救助，缓交、减交或者免交诉讼费。因情况紧急需要先予执行的，可依法裁定先予执行。

38. 鼓励律师事务所、公证处、司法鉴定机构、基层法律服务所等法律服务机构，为经济困难的老年人提供免费或优惠服务。

三、组织实施

（一）切实加强领导。各地要高度重视老年人优待工作，健全政府主导、老龄委组织协调、相关部门各司其职、企事业单位和社会团体以及志愿者积极参与的工作体制和运行机制。要保障老年人优待工作经费，进一步落实各项财税优惠政策，调动社会力量积极参与。加强对老年人优待工作年度目标责任考核，确保责任到位、任务落实。县级以上地方人民政府和相关部门要结合实际制定老年人优待政策和具体实施办法。

（二）协力推进实施。优待老年人是全社会的共同责任。国家机关、社会团体、企事业单位和其他组织，都要履行为老年人提供优待的职责义务，积极为老年人提供优待服务。各级涉老主管单位要规范服务，加强管理，督促各优待服务场所、设施和窗口设置优待标识，公布优待内容。有关部门要加强尊老敬老思想教育和道德宣传、老年维权法制教育活动，增强社会成员优待老年人的自觉性，提高老年人自我维权意识和能力。深入推进“敬老爱老助老”主题教育、“敬老文明号”和“老年人维权示范岗”动，在全社会弘扬孝亲敬老传统美德，进一步营造尊重老年人的社会氛围。

（三）监督检查落实。各级老龄工作委员会负责老年人优待工作的组织协调和监督指导，各级老龄工作委员会办公室承担老年人优待工作的日常事务管理，要会同有关部门定期开展监督检查。要进一步发挥行政监督和社会监督的作用，建立健全信息反馈和监督机制，设立服务和监督热线，依法妥善解决好举报和投诉问题，对老年人优待工作中反映强烈的突出问题，要尽早发现、及时解决。对不按规定履行优待老年人义务的，由有关主管部门责令改正。